AF363341

UN CŒUR SELON DIEU

ISBN : 978-2-95-646160-9

UN CŒUR SELON DIEU

PASCAL MALONDA

*La grandeur d'une personne
se mesure à la taille de son cœur.*

Pascal Malonda

*« L'Homme s'arrête aux apparences,
mais Dieu regarde au cœur. »*

(1 Samuel 16:6)

Introduction

Le 26 mai 2018, un jeune garçon âgé de quatre ans se retrouve suspendu dans le vide, agrippé au balcon du quatrième étage d'un immeuble parisien. Son père qui s'est absenté pour faire des courses l'a laissé sans surveillance. Plusieurs badauds assistent à la scène, impuissants. Parmi eux, Mamoudou Gassama, un jeune homme d'origine malienne âgé de vingt-trois ans, fait preuve d'un courage extraordinaire et parvient au péril de sa vie à escalader la façade de l'immeuble à mains nues. Il récupère l'enfant et le met en sécurité, sous les applaudissements et les cris de soulagement des riverains. La scène, qui est filmée par des passants, sera vue plusieurs milliers de fois sur les réseaux sociaux. Son exploit est rapidement relayé dans les grands médias en France et à l'étranger, ce qui lui vaut une invitation au Palais de l'Élysée pour y rencontrer Emmanuel Macron, le Président de la République française. Il le félicite et le récompense en lui accordant la nationalité française. Le décret de naturalisation paru dans le Journal Officiel et signé par le Premier ministre Édouard Philippe spécifie que : « *Cet acte de grande bravoure a illustré de façon exemplaire certaines des valeurs qui contribuent à lier les membres de la communauté nationale tels que le courage, le désintéressement, l'altruisme, l'attention portée aux plus vulnérables.[1]* ». Les félicitations ne s'arrêtent pas là, puisque Mamoudou Gassama est reçu à la mairie de Paris pour y recevoir la médaille de la ville, et aux États-Unis pour le prix « BET Humanitarian Award » décerné par la chaîne de télévision BET[2], qui récompense des personnes ayant fait preuve de courage durant l'année. Il est également invité au Mali pour y rencontrer le président malien Ibrahim Boubacar Keïta, sans oublier la brigade des sapeurs-pompiers de Paris qui lui propose d'intégrer ses rangs. Son geste héroïque a complètement bouleversé sa vie et lui a donné accès à des personnes qu'il n'aurait normalement jamais rencontrées.

Il existe pour ainsi dire deux types de héros : le héros classique et le héros selon Dieu. Les deux défendent des valeurs, voire une cause qu'ils estiment juste, à la différence notoire que le héros selon Dieu est une personne selon le cœur de Dieu, qui s'attache à tout prix à faire sa volonté. Le héros classique reçoit l'admiration des hommes pour ce qu'il a accompli ou ce qu'il est, même si certains d'entre eux ne reçoivent la reconnaissance que bien après leur mort. Le héros selon Dieu recevra lui aussi en son temps les honneurs, mais cette fois-ci de la part de Dieu Lui-même. À la fin de sa course, Jésus-Christ l'accueillera en lui disant : *« Entre dans la joie de ton maître, bon et fidèle serviteur »* (Matthieu 25:23). En franchissant le pas de la porte, il sera surpris d'entendre les acclamations des personnes qu'il aura amenées à Christ, ainsi que celles des anges. Seront accueillies comme des héros, toutes les personnes qui auront eu pour modèle de vie Jésus-Christ, car Lui seul est le Héros par excellence. Les critères d'élection étant bien différents de ceux que nous pouvons avoir l'habitude de connaître, nul ne peut présager des récompenses dont il héritera, car ce sont les motivations réelles de notre cœur qui détermineront la valeur

---

1. Journal officiel du 12 septembre 2018/N°210 : (https://www.legifrance.gouv.fr/)
2. BET : Black Entertainment Television

de chacune de nos actions. C'est pourquoi la Bible nous met en garde contre le fait de juger les autres avant l'heure, car seul Dieu qui éprouve les cœurs nous connaît véritablement, comme nous le montre ce verset :

> *« C'est pourquoi, ne portez de jugement sur personne avant le moment fixé. Attendez que le Seigneur vienne : il mettra en lumière ce qui est caché dans l'obscurité et révélera les intentions secrètes du cœur des hommes. Alors chacun recevra de Dieu la louange qui lui revient. »*
> (1 Corinthiens 4:5)

Si la société aime considérer les gens en fonction de leur accomplissement, il en va tout autrement dans le Royaume de Dieu, car **la grandeur d'une personne se mesure à la taille de son cœur**. Un jour, tous les cœurs seront mis à nu devant Dieu et chacun se retrouvera alors face au miroir de son âme. En voyant défiler devant nos yeux les saisons et les évènements qui ont ponctué notre existence, une forte conviction viendra alors s'inscrire en nous. Nous saurons très clairement à ce moment précis, si nous avons été une personne selon le cœur de Dieu ou pas. La lumière de sa révélation viendra éclairer notre esprit et ôter le voile intellectuel, culturel, environnemental et sociétal, qui nous empêchait de Le voir tel qu'Il est vraiment. Les non-croyants n'auront alors plus aucun doute quant à l'existence de Dieu, mais il sera malheureusement trop tard. De même, une séparation sera faite entre ceux qui se disent croyants et les croyants authentiques.

Comment être une personne selon le cœur de Dieu ? Comment avoir un cœur dans lequel Dieu occupe la première place, un cœur rempli d'amour, droit, sincère, humble, qui ne juge pas les autres, qui aime tout le monde de manière identique, qui sert son prochain, qui obéit et fait la volonté de Dieu ? Voilà tout l'objet de ce livre. Ces caractéristiques touchent tout particulièrement le cœur de Dieu, mais les personnes qui manifestent ce type d'attitude sont bien souvent marginalisées, car le monde est de plus en plus individualiste et dominé par l'esprit de compétition. Aujourd'hui plus que jamais, c'est un véritable exploit de vivre selon la volonté parfaite de Dieu, tellement ceux qui en font le choix sont souvent obligés de se positionner à contre-courant de la société. Les hommes et les femmes qui y parviennent, seront néanmoins, à la fin de leur vie, acclamés comme des héros, parce qu'ils auront réussi à ne pas se conformer aux valeurs contraires à Dieu, en résistant fermement à l'emprise négative que peut parfois avoir la société. Le moment venu, elles se rendront compte de la portée de leur comportement dans le monde naturel, mais également dans la sphère spirituelle.

À travers cet ouvrage, je vous propose trois conseils qui vous aideront dans cette démarche pour devenir un homme ou une femme selon le cœur de Dieu, et manifester ainsi le héros qui est en vous. Le premier conseil répond au besoin de l'Homme, qui pour se construire recherche constamment des modèles auxquels il peut se référer. En effet, dans un monde en perte de repères, dans lequel les fondements et les modèles traditionnels qui ont permis aux peuples de devenir de grandes nations, sont en train de s'ébranler, il est temps de tourner les yeux vers le modèle parfait qui plaît à Dieu. Le deuxième conseil nous éclaire sur certaines qualités qu'il est essentiel de développer, afin de satisfaire le cœur de Dieu et d'influencer notre environnement en faisant sa volonté. Enfin, le troisième conseil nous invite à l'action, en manifestant le Héros qui se trouve en chaque chrétien né de nouveau, à savoir Jésus-Christ.

CONSEIL N°1

Imiter le modèle qui plaît au cœur de Dieu : Jésus-Christ

Chapitre 1
Toute société a besoin d'avoir des modèles

> *« Que personne ne te méprise*
> *pour ton jeune âge, mais efforce-toi*
> *d'être un modèle pour les croyants*
> *par tes paroles, ta conduite, ton*
> *amour, ta foi et ta pureté. »*
> (1 Timothée 4:12)

À partir de quels éléments peut-on véritablement estimer une personne ? Est-ce en fonction de son charisme, de ses accomplissements, de ses valeurs, de son statut social, de la manière dont elle s'exprime ou bien du fait qu'elle soit appréciée ou pas par les autres ? Quels sont les indices qui nous permettent d'affirmer qu'une personne est bonne ou mauvaise, respectable ou pas ?

Chacun d'entre nous a des critères personnels sur lesquels il s'appuie pour considérer l'autre. Ils sont si intrinsèques qu'ils influencent, sans même que nous nous en rendions compte, notre perception des choses, des gens, et de nous-mêmes. Instinctivement, nous avons cette habitude de jauger les gens en fonction de l'impression qu'ils nous donnent à première vue. Notre jugement se construit généralement à partir de critères, tels que :

- L'apparence physique : la taille, la corpulence, le visage

- Le style vestimentaire : classique, sport, cadre, BCBG[1], streetwear[2]

- L'attitude : souriante, fermée, hautaine, distante, polie ou pas

- Les signes distinctifs d'appartenance sociale : classe ouvrière, moyenne, cadre, haut dirigeant

- La manière de s'exprimer, etc.

Notre environnement familial, notre éducation, nos fréquentations, notre milieu professionnel, notre âge et nos expériences ont construit l'arrière-plan au travers duquel nous voyons et comprenons les gens qui nous entourent. Notre point de vue est dès lors très difficilement objectif, puisqu'il dépend largement de ces influences. C'est seulement après avoir pris le temps de connaître une personne, que nous pouvons confirmer si notre première impression était vraiment la bonne ou pas. D'ailleurs en y réfléchissant bien, vous admettrez certainement que plus d'une fois votre première impression était mauvaise.

Dans nos relations avec les uns et les autres, nous adoptons pour ainsi dire deux types d'attitudes. Il y a d'un côté ceux qui restent fidèles à eux-mêmes et se comportent de la même manière, quelles que soient les personnes devant lesquelles ils se trouvent. Et de l'autre, ceux qui ajustent leur comportement et leur langage selon qu'ils s'estiment *supérieurs* ou *inférieurs* à la personne qui se trouve en face d'eux. La notion de *supérieur* et

---

1. BCBG : Bon Chic Bon Genre
2. Streetwear: Vêtements que les jeunes portent au quotidien dans la rue.

d'inférieur est bien entendu subjective, puisqu'elle dépend de la manière dont nous nous voyons nous-mêmes. C'est ainsi que vous pouvez voir certaines personnes adopter une attitude hautaine envers d'autres personnes qu'elles estiment *inférieures* à elles sur le plan social. Ces mêmes personnes ont tendance à courber l'échine devant d'autres qu'elles considèrent *supérieures*, parce qu'elles sont socialement ou hiérarchiquement plus élevées. Si la société aime créer des catégories, la Bible nous enseigne que tous les êtres humains sont égaux, et qu'il ne faut pas juger son prochain. **En effet, seul Celui qui sonde les cœurs et les reins connaît vraiment l'Homme et ce qu'il y a au fond de lui. Or, on ne peut connaître véritablement une personne que par son cœur.**

1 - L'être humain a besoin de modèles pour se construire

L'être humain a naturellement besoin de se référer à un modèle pour se construire. Or, le monde moderne souffre de plus en plus cruellement d'un manque de références. Les gens s'inspirent généralement d'une personne dotée de certaines qualités et caractéristiques, ou qui a accompli une chose significative suscitant leur admiration. Cette personne n'est pas parfaite, certes, mais elle est néanmoins une source d'inspiration pour ceux qui la connaissent de près ou de loin. Elle leur donne envie de lui ressembler. Ce désir naît de l'admiration qu'ils ont pour elle. Ils ont le sentiment qu'en l'imitant cela fera d'eux une meilleure personne, ou tout du moins celle qu'ils aspirent à être. Ce besoin d'avoir un modèle n'est pas nouveau, mais existe depuis la nuit des temps. Platon, l'un des premiers philosophes en Occident (428 av. J.-C.), a été le disciple de Socrate et de Pythagore. Le prophète Élisée a appris au côté du prophète Élie, Josué au côté de Moïse, et les disciples de

Jésus-Christ se sont inspirés de leur maître, pour continuer après son départ à propager le message de l'Évangile, et manifester la puissance du Royaume de Dieu au travers des guérisons et des miracles. De même, un grand nombre de médecins, d'avocats, d'agriculteurs, d'infirmières et de professeurs vous expliquent qu'ils ont choisi leur métier, parce que c'était la profession d'un parent, ou d'une connaissance.

Cette aspiration est très forte chez les plus jeunes, notamment à l'adolescence où l'établissement de repères est essentiel. En effet, de même qu'une maison doit reposer sur de solides fondations pour être stable, de même l'enfant a besoin de repères pour construire son identité. En observant le monde des adultes, il y découvre une palette de profils divers et variés, et parmi eux certains suscitent son intérêt plus que d'autres. Il a besoin d'avoir une représentation concrète de ce qu'il aimerait devenir plus tard, car cela l'aide à mieux se projeter dans l'avenir et à construire son identité. C'est la raison pour laquelle les chambres des adolescents sont tapissées des posters de leur chanteuse ou de leur basketteur préférés. Le modèle revêt un rôle majeur, car il participe activement à la construction de la personnalité du jeune garçon ou de la jeune fille qui s'en inspire.

L'affinité et/ou la proximité peuvent motiver le choix de la référence. Généralement, les premiers modèles sont les parents. Ils enseignent à leur enfant comment réfléchir et se comporter, puis le système scolaire et les médias interviennent à leur tour. Le père et la mère sont censés être les principaux exemples à partir desquels l'enfant va construire sa manière d'être. Je dis bien « censés », parce que nous savons que cela n'est malheureusement pas toujours le cas. Certains enfants reproduisent naturellement ce qu'ils voient leurs parents faire, ce qui les amène par mimétisme à devenir comme eux. Ils adoptent ainsi à la fois leurs bons, comme leurs mauvais comportements. D'autres en grandissant, distinguent dans leur père et/ou leur mère, certains points particuliers dans le caractère, le comportement, et les habitudes, qui les attirent et d'autres qui les rebutent. Ils font alors volontairement le choix d'adopter ce qu'ils souhaitent reproduire, et mettent de côté ce qui ne leur convient pas. Cependant, il peut arriver que chez certaines personnes, certains traits de caractère soient tellement ancrés, qu'ils semblent contrôler leur vie et déterminer ce qu'ils deviennent.

Si vous constatez que certains traits de caractère se perpétuent, ou que certains incidents se reproduisent constamment dans votre famille, génération après génération, il vous faut alors chercher pour voir s'il ne s'agit pas de malédictions générationnelles[3].

Le choix de la référence peut également être axé sur des personnes avec lesquelles aucun contact direct n'existe, mais simplement une forme d'attraction. Certains ont même l'impression de les connaître, tellement ils apprécient qui elles sont et ce qu'elles font. Ce vif intérêt les pousse à s'intéresser à elles, afin d'en savoir plus à leur sujet. C'est généralement ce genre de rapports qui s'installent entre un fan et son chanteur, son sportif ou son acteur préféré. Bien qu'il ne le connaisse pas directement, et qu'il ne le rencontrera probablement même jamais, il ressent néanmoins un attachement très fort envers lui, au point qu'il a parfois le sentiment de le connaître personnellement.

---

3. Malédictions générationnelles : Malheur qui semble se répéter comme un cycle sans fin, sur toute une famille, ou sur certains membres d'une famille, génération après génération. La médecine qualifie certaines pathologies d'héréditaires, mais lorsque nous prenons le temps de comprendre, nous pouvons découvrir qu'il s'agit en réalité de malédictions générationnelles.

Ce désir d'avoir une personne de référence ne s'exprime pas de la même manière selon les individus. Chez certains, cette envie est tellement forte, qu'ils recherchent délibérément une personne auprès de qui apprendre et s'inspirer, parce qu'ils aspirent à un profond changement dans leur vie personnelle, à bénéficier de certaines clés pour réussir dans le domaine professionnel (on parle alors de mentor), ou de conseils sur le plan sentimental ou autres. Ce besoin est grandissant ces dernières années, ce qui explique la forte croissance du secteur du développement personnel. D'autres n'ont pas conscience d'avoir un modèle, bien qu'ils imitent machinalement une personne qu'ils admirent tout particulièrement. L'être humain a tendance à reproduire ce qu'il voit, d'où le besoin d'avoir des exemples sur lesquels s'appuyer. Il y a donc d'un côté ceux qui influencent, et de l'autre ceux qui sont influencés. Il faut néanmoins souligner que ceux qui influencent l'ont été aussi un jour, et qu'ils le sont encore parfois aujourd'hui.

Pour bien comprendre les raisons qui expliquent le fait qu'une personne soit un modèle aux yeux d'un ou de plusieurs individus, il est nécessaire de mettre en lumière trois éléments importants : **ses qualités, ses caractéristiques** et **ses accomplissements**. Ils peuvent être constatés de manière cumulative ou pas, chez la personne considérée comme le modèle de référence.

2 - Les trois éléments qui font d'une personne un modèle

• Les qualités

Le mot *qualité* correspond à la manière d'être, bonne ou mauvaise d'une personne. Un modèle peut être une personne qui a de bonnes qualités, comme une qui en a de mauvaises. En d'autres termes, il peut s'agir d'une personne qui est appréciée pour sa gentillesse, sa disponibilité, son écoute, son tempérament, tout comme il peut s'agir d'une personne admirée pour son cynisme, sa méchanceté et sa malhonnêteté. Cela peut sembler étrange, n'est-ce pas ? Mais vous savez comme moi que l'être humain est rempli de contradictions. Tout comme il y a de bonnes qualités, il en existe également de mauvaises. L'appréciation que chacun peut en avoir, dépend finalement des uns et des autres, car chaque personne a en fonction de sa personnalité et de son système de pensée, sa propre grille de lecture de ce qu'il considère comme étant une qualité ou un défaut chez l'autre. Il choisit donc les points qu'il aimerait voir se développer en lui, en s'inspirant d'une personne modèle.

Peut-être connaissez-vous le film *Scarface*, dans lequel Al Pacino joue le rôle d'un tueur à gages qui devient un magnat de la drogue, et *Heat*, un film relatant le braquage d'un fourgon qui tourne mal ? Redoine Faïd, devenu ennemi public numéro 1 en France, en raison de multiples braquages et évasions spectaculaires, reconnut avoir fortement été influencé par ces deux longs métrages étant plus jeune. Sa fascination pour les gangsters en est issue. Le dealer de drogue dans *Scarface* et le braqueur dans *Heat* devinrent de véritables héros à ses yeux, parce qu'il aimait leur charisme, leur sang-froid et leur ingéniosité. Il s'inspira d'eux pour devenir lui aussi braqueur.

- **Les caractéristiques**

Le dictionnaire Larousse définit une caractéristique comme étant : « *Ce qui constitue le caractère distinctif, la particularité d'une personne ou d'une chose* ». Il peut s'agir de caractéristiques physiques : la taille, la beauté, la force ; de caractéristiques morales : la gentillesse, la loyauté, le courage ; d'un talent : le dynamisme, la créativité, l'éloquence. À l'instar de la qualité, la caractéristique peut elle aussi être positive ou négative. Lorsque la caractéristique est un trait de caractère dominant, elle influence fortement l'attitude de la personne concernée. L'attitude est fondamentale dans la vie de tout un chacun, car quand elle est bonne, elle attire la faveur et la réussite, mais quand elle est mauvaise, elle finit par détruire les relations, ce qui peut dans certains cas conduire au rejet, à l'isolement et à l'échec. Lorsque vous comprenez cela et que vous le ramenez à l'échelle d'un quartier, d'une ville ou d'un pays, vous vous rendez compte que l'atmosphère générale qui règne au sein d'une nation dépend finalement de l'attitude de ses habitants et de ses dirigeants.

Michael Jordan est encore aujourd'hui considéré comme le plus grand basketteur de tous les temps, bien qu'il ait mis un terme à sa carrière en 2003. Il était doté de qualités physiques exceptionnelles, dont l'une était la détente. Il sautait tellement haut que sa tête dépassait largement l'arceau au point qu'il parvenait à rester en suspension dans l'air, alors que ses adversaires qui tentaient de le contrer avaient déjà retouché le sol. Cette caractéristique lui valut le surnom de Michael Air Jordan, et il devint un modèle pour des millions de joueurs de basket-ball à travers le monde.

- **Les accomplissements**

Certaines personnes deviennent des modèles d'inspiration en raison de leur(s) accomplissement(s). Elles ont réalisé quelque chose de significatif, réussi dans un domaine en particulier, et/ou atteint une certaine renommée qui attire l'attention des gens. Il peut s'agir d'une œuvre d'art, d'un livre, d'un film, d'un exploit sportif, du lancement d'un mouvement, d'une innovation, d'une *success story*, de la défense d'une cause, d'un acte héroïque, etc. Fascinés par ce qu'elles ont été capables de réaliser, certains s'inspirent de leur parcours, avec l'espoir de devenir un jour comme elles et d'accomplir quelque chose de similaire.

Gandhi contribua à l'indépendance de l'Inde en 1947. La particularité de son mouvement était le fait qu'il soit non-violent. Son mode d'action eut un tel écho dans son pays et à l'international qu'il fut surnommé l'apôtre de la paix. Gandhi a inspiré de nombreux mouvements de libération et de défense des droits civiques dans le monde. Son mode opératoire influença de grands leaders comme Martin Luther King. Si Gandhi put mener à bien un tel changement, c'est en grande partie grâce à sa personnalité. La réussite de son mouvement n'avait donc rien du hasard, mais elle était liée à qui il était dans son for intérieur. Son succès s'explique également par le soutien de ses proches collaborateurs. Il ne faut jamais négliger les hommes et les femmes qui travaillent dans l'ombre, et qui participent eux aussi à la réussite d'une personne, d'une œuvre ou d'un mouvement, car derrière tout succès se cachent des personnes de valeur.

3 - Qu'en est-il aujourd'hui ?

Lorsque nous prenons le temps de comparer les critères qui permettaient qu'autrefois une personne soit populaire, avec ceux d'aujourd'hui, nous nous apercevons qu'à l'heure des réseaux sociaux et de la téléréalité, ceux-ci ont très nettement changé. Alors qu'il fallait auparavant avoir certaines qualités ou avoir réalisé quelque chose de spécial, nous voyons désormais des personnes ordinaires propulsées au rang de célébrités, sans aucune véritable raison, hormis celle d'avoir réussi à faire parler d'elles. Les réseaux sociaux, les émissions télévisées et les grands médias sont devenus des experts pour fabriquer des gens de toutes pièces, et en faire des soi-disant stars. La renommée qu'elles acquièrent et l'image qu'elles ou les médias réussissent à projeter d'elles font d'elles des modèles. C'est ainsi que la personnalité qu'elles projettent et/ou la méthode qui leur a permis d'être aussi populaires deviennent des sources d'inspiration. Certains diront que l'époque a changé, je dirais plutôt que les mœurs sont différentes, et avec cela l'époque.

Les valeurs qui garantissent à tous une société plus ou moins équilibrée, dans laquelle chacun peut trouver sa place et vivre comme il le souhaite, sont de plus en plus mises à mal. Le cœur de l'homme et de la femme étant tortueux par nature à cause du péché, ils doivent quotidiennement choisir entre leur bon et leur mauvais côté. Le respect de ces valeurs les contraint à choisir le meilleur d'eux, plutôt que le mauvais. Mais la perte de certaines normes a eu pour conséquence l'accentuation de leur mauvais côté, d'où la montée de la violence, de l'immoralité, de l'injustice, de la corruption, en un mot de l'individualisme. Les répercussions s'étendent à toutes les strates de la société, ce qui explique l'état du monde dans lequel nous vivons. Il est à l'image du cœur de l'Homme.

Si les raisons à cela sont diverses et variées, elles s'expliquent aussi en partie à cause de la disparition d'un certain nombre de modèles de référence.

Quand les parents échouent dans leur rôle, que les personnes dépositaires de la loi, ou disposant de certaines responsabilités et d'une certaine autorité, adoptent une attitude contraire aux exigences que requiert leur fonction, que les médias vantent la mauvaise conduite de telle ou telle personnalité, que les séries, les films et les clips vidéo incitent à des comportements contraires aux bonnes mœurs, les esprits des uns et des autres finissent peu à peu par s'habituer, et à trouver cela ordinaire. Les personnes matures parviennent à faire la part des choses, mais les plus jeunes trouvent cela normal, parce qu'elles n'ont finalement connu que cela. Les hommes et les femmes faisant figure d'exemples ont toujours existé, mais ce sont les critères qui font d'eux un modèle à imiter, qui ont en revanche nettement évolué à mesure des années. La société s'évertue en effet à mettre en avant certains modèles correspondant aux tendances qu'elle souhaite imposer, ce qui entraîne forcément un basculement dans l'appréciation des valeurs, et une inversion dans les notions de bien et de mal.

L'apôtre Paul a écrit à son fils spirituel Timothée : « *Que personne ne te méprise pour ton jeune âge, mais efforce-toi d'être un modèle pour les croyants par tes paroles, ta conduite, ton amour, ta foi et ta pureté.* » (1 Timothée 4:12). Nous voyons ainsi que Paul considère comme modèle des personnes qui prêtent attention à leurs paroles, leur conduite, leur amour, leur foi et leur sanctification.

Les hommes recherchent des modèles ; chez l'un les qualités seront inspirantes, chez l'autre ce seront ses accomplissements. Dieu nous a donné un modèle parfait. Nous verrons dans les chapitres suivants que Jésus-Christ est le modèle de référence par excellence. Il est exemplaire par ses **qualités**, ses **caractéristiques** et ses **accomplissements**. Beaucoup ont du mal à appréhender cette idée, parce qu'ils l'ont consciemment ou inconsciemment placé uniquement dans la case religieuse, ce qui altère l'image qu'ils ont de Lui, et leur donne le sentiment qu'Il est totalement déconnecté de ce qu'ils peuvent vivre au quotidien. Jésus-Christ n'est certainement pas venu amener une nouvelle religion ou philosophie, mais Il est venu apporter la vie, et la vie en abondance. Celle-ci est accessible aux hommes et aux femmes qui adoptent la pensée de Dieu. D'ailleurs, lorsque vous observez les personnes qui réussissent honnêtement et jouissent d'un certain bonheur, vous constatez qu'elles appliquent plus ou moins ses préceptes, même si elles ne s'en rendent pas toujours compte. Celles qui les respectent profitent des bénédictions qui y sont rattachées, tandis que celles qui les enfreignent connaissent la déception, car les principes spirituels établis par Dieu s'appliquent à tous les hommes, quelles que soient leurs croyances. J'aimerais vous présenter dans le prochain chapitre, Jésus-Christ, sa vie et ses accomplissements, pour comprendre en quoi Il est le seul modèle parfait. Celles et ceux qui prennent Jésus-Christ pour modèle plaisent au cœur de Dieu, car c'est le seul qui ait incontestablement été trouvé agréable à ses yeux.

Chapitre 2
Jésus-Christ, le modèle par excellence

> *« Or c'est sans voile, le visage découvert, que nous tous, nous contemplons, comme dans un miroir, la gloire du Seigneur. Ainsi nous sommes constamment transformés d'après son modèle, pour lui ressembler davantage de jour en jour et en refléter une image toujours plus fidèle. Sa gloire devient progressivement nôtre. Il ne saurait en être autrement, car celui qui agit en nous, c'est le Seigneur lui-même par son Esprit. »*
> (2 Corinthiens 3:18)

Jésus-Christ est le personnage le plus connu de toute l'Histoire, mais Il est également Celui qui a et qui fait aujourd'hui encore, l'objet de nombreuses controverses. Parler de Dieu ne pose aucun problème, mais parler de Jésus déclenche aussitôt des tensions et des désaccords. Les personnes vivant dans un pays dont la culture a bénéficié de l'héritage du christianisme ont plus ou moins une idée de qui Il est, même si leurs connaissances restent superficielles. La plupart des gens qui connaissent son histoire admettent qu'Il a eu une vie exceptionnelle, mais ils sont cependant nettement moins nombreux à croire qu'Il est vraiment le Fils de Dieu. Ce scepticisme vient du fait qu'Il soit placé au rang de simple prophète, de sage ou d'un homme ayant apporté une nouvelle philosophie. L'idée restrictive qu'ils ont de Lui fait forcément obstacle à leur compréhension, car il est impossible au rationnel de saisir le divin. En effet, personne ne peut comprendre les choses de l'Esprit, si le Saint-Esprit ne les lui révèle, car les réalités spirituelles ne peuvent se saisir que par révélation (1 Corinthiens 2:11). **La révélation est le langage des choses spirituelles, c'est lorsque le Saint-Esprit dévoile les choses qui étaient cachées et les rend intelligibles à notre conscience.** En général, les hommes et les femmes qui ont le désir de comprendre et qui ouvrent leur cœur ont accès beaucoup plus facilement à la révélation que les autres. C'est ainsi que des personnes qui n'avaient jamais cru auparavant et qui reçoivent la révélation des mystères de Dieu se demandent après coup comment elles ont fait pour ne pas croire, tellement ces choses sont désormais inscrites en elles comme une évidence.

1 - La vie de Jésus, une vie accomplie

Un soir, un chef des Juifs du nom de Nicodème vint visiter Jésus et Lui dit : *« Rabbi, nous savons que tu es un docteur venu de Dieu ; car personne ne peut faire ces miracles que tu fais, si Dieu n'est avec lui. »* (Jean 3:2). Malgré cette évidence, les pharisiens, religieux très stricts quant aux prescriptions laissées par le patriarche Moïse, mirent tout en œuvre pour Le tuer. Ils finirent par y arriver grâce à la trahison de Judas, l'un des douze disciples de Jésus, ou tout du moins c'est ce qu'ils crurent. En effet, Jésus expliqua bien avant sa mort la manière dont Il allait mourir, en prenant bien soin de préciser à ses disciples que c'est Lui qui faisait le choix d'offrir sa vie pour sauver l'humanité, par cette confidence : « *Le Père m'aime, parce que je donne ma vie, afin de la reprendre. Personne ne me l'ôte, mais je la donne de moi-même ; j'ai le pouvoir de la donner, et j'ai le pouvoir de la reprendre : tel est l'ordre que j'ai reçu de mon Père.* » (Jean 10:17-18).

Jésus poussa son amour à l'extrême en mourant sur la croix, pour racheter les péchés de l'humanité. Aucun être humain n'a jamais vécu ni marqué l'Histoire comme Lui a pu le faire. Son charisme, son attitude, ses enseignements, sa connaissance des mystères de Dieu, ses accomplissements et son amour inconditionnel, ont bouleversé non seulement la société de l'époque, mais continuent aujourd'hui de toucher des millions d'hommes et de femmes. La plupart des gens ont tendance à Le cantonner exclusivement à la sphère religieuse, à cause de l'image qui en ressort dans la société, mais son rôle ne peut pourtant pas être limité à cela. Ce qu'Il a apporté concerne tous les compartiments de la vie terrestre, et même bien au-delà. Jésus-Christ a révolutionné les mentalités en amenant une sagesse qui dépassait celle des hommes. Il a enseigné des choses comme : « *Mais quiconque veut être grand parmi vous, qu'il soit votre serviteur* » (Matthieu 20:26), « *Il n'y a pas de plus grand amour que de donner sa vie pour ses amis* » (Jean 15:13), ou « *Car il y a beaucoup d'appelés, mais peu d'élus* » (Matthieu 22:14). Au travers de ses enseignements, Il communiquait des principes importants comme : l'humilité, l'amour inconditionnel ou l'importance de mourir à soi pour laisser éclore sa véritable nature. Ses préceptes sont intemporels, car ils correspondent aux standards de vie voulus par Dieu.

- **Une naissance prophétique**

Un jour, un ange du nom de Gabriel apparut à Marie, la mère de Jésus. L'ange lui dit qu'elle avait trouvé grâce aux yeux de Dieu, et qu'elle enfanterait un fils auquel elle donnera le nom de Jésus. L'ange ajouta deux précisions : il lui indiqua l'identité de l'enfant, et ce à quoi Dieu l'avait destiné. Il lui dit : « *Il sera grand et sera appelé **Fils du Très Haut**, et le Seigneur Dieu lui donnera le trône de David, son père.* » (Luc 1:32). Marie s'interrogea sur la manière dont cela pourrait se faire, dans la mesure où elle n'avait jamais connu d'homme. L'ange lui expliqua alors que le Saint-Esprit la couvrirait de son ombre, et qu'elle serait enceinte. Joseph, son fiancé, apprenant qu'elle était enceinte, décida de rompre secrètement avec elle pour ne pas la diffamer. Alors qu'il s'apprêtait à le faire, un ange lui apparut en songe, et lui révéla à lui aussi ce à quoi Dieu avait destiné cet enfant. L'ange lui dit : « *Elle enfantera un fils, et tu lui donneras le nom de Jésus ; c'est lui qui sauvera son peuple de ses péchés.* » (Matthieu 1:21). Jésus vient du grec Iêsoûs, qui provient de l'hébreu Yeshua qui signifie : « L'Éternel est salut ». Christ vient du grec Christos, qui signifie « oint », et dont l'équivalent hébreu est Messie. L'oint est une personne choisie par Dieu par onction divine. Son prénom exprime clairement **qui Il est** : Jésus est le Messie venu pour sauver les hommes. Dans la culture juive de l'époque, le choix du prénom était rarement lié au hasard, parce qu'il était censé définir la personne qui le portait.

Quelque temps après, Marie rendit visite à Élisabeth, une parente. Elle était enceinte de six mois de Jean-Baptiste, le futur messager de Dieu. Lorsque Marie la salua, l'enfant dans le ventre d'Élisabeth tressaillit, et elle fut remplie du Saint-Esprit (Luc 1:41). Élisabeth dit alors à Marie : « *Tu es bénie entre les femmes, et le fruit de ton sein est béni. Comment* *m'est-il accordé que la mère de **mon Seigneur** vienne auprès de moi ? »* (Luc 1:42-43). L'Esprit de Dieu venait de lui révéler la divinité de l'enfant que portait Marie.

Jésus naquit dans une étable, à Bethléem. À sa naissance, un ange du Seigneur apparut à des bergers qui se trouvaient non loin, et il leur dit : *« C'est qu'aujourd'hui, dans la ville de David, il vous est né un Sauveur, qui est le Christ, le Seigneur. »* (Luc 2:11). D'autres anges vinrent ensuite se joindre à lui, et ils se mirent tous à rendre gloire à Dieu. Les bergers se rendirent à l'étable, et ils y trouvèrent l'enfant, comme l'ange le leur avait indiqué. Ils racontèrent alors à Marie et à Joseph, ainsi qu'aux personnes présentes ce qui leur était arrivé. Après quelques jours, les parents allèrent au temple pour le présenter au Seigneur. Siméon, un homme juste et pieux sur lequel reposait l'Esprit de Dieu s'était lui aussi rendu au temple ce jour-là, poussé par le Saint-Esprit. Il prit le nouveau-né dans ses bras et déclara : *« Maintenant, Seigneur, tu laisses ton serviteur s'en aller en paix, selon ta parole. Car mes yeux ont vu **ton salut**, salut que tu as préparé devant tous les peuples, lumière pour éclairer les nations, et gloire d'Israël, ton peuple. »* (Luc 2:29-32). Une prophétesse du nom d'Anne, qui était également présente au temple ce jour-là, rendait elle aussi grâce à Dieu, car le Saint-Esprit venait de lui révéler l'identité de l'enfant.

À un autre endroit, en Orient, des mages virent l'étoile de l'enfant briller, et firent le chemin jusqu'à Jérusalem pour Le voir. Arrivés sur place, ils demandèrent : *« Où est le roi des Juifs qui vient de naître ? Car nous avons vu son étoile en Orient, et nous sommes venus pour l'adorer. »* (Matthieu 2:2). Le roi Hérode qui fut au courant de cela convoqua les chefs religieux pour comprendre qui était le Christ, et où Il devait naître. Il fit également venir les mages, pour qu'ils l'informent de l'endroit où il se trouvait. Hérode prétendait qu'il aimerait lui aussi l'adorer, mais cela n'était en réalité qu'une ruse de sa part. Les mages trouvèrent l'enfant et ses parents, et leur offrirent des présents. Ils retournèrent chez eux par un autre chemin, parce qu'un ange les avertit de ne surtout rien dire à Hérode. Un ange prévint également Joseph au travers d'un songe, en le pressant de fuir en Égypte. Quand Hérode se rendit compte que les mages s'étaient joués de lui, il devint fou de rage, et donna l'ordre de tuer tous les enfants âgés de deux ans et moins qui étaient à Bethléem et dans ses alentours. Comment se fait-il qu'Hérode craigne un si jeune enfant ? Il redoutait ce à quoi ce nouveau-né était destiné.

Ainsi, nous voyons très clairement que plusieurs personnes avaient connaissance de l'identité de l'enfant, parce que Dieu la leur avait révélée. Il était semblable aux enfants de son âge, mais Il avait la particularité d'être le Fils de Dieu. Il fallait maintenant attendre le moment propice, pour que Jésus de Nazareth puisse grandir et manifester pleinement sa véritable identité.

• **Une jeunesse mystérieuse**

La Bible nous donne très peu d'informations concernant la jeunesse de Jésus, hormis un évènement très intéressant qui se produisit lorsqu'Il était âgé de douze ans. Ses parents et Lui étaient partis fêter la Pâque à Jérusalem, et sur le chemin du retour ses parents se rendirent compte qu'Il n'était pas avec eux. Ils ne s'étaient pas inquiétés de son absence dans un premier temps, pensant qu'Il était avec les autres membres du convoi. Ils retournèrent donc à Jérusalem, et le retrouvèrent dans le temple en train de discuter avec des docteurs de la loi. Les religieux étaient surpris des connaissances de ce jeune garçon. Ses parents le réprimandèrent, mais Il leur fit une réponse surprenante : « *Pourquoi me cherchiez-vous ? Ne saviez-vous pas qu'il faut que je m'occupe des affaires de mon Père ?* » (Luc 2:49). Jésus savait déjà clairement ce pour quoi Il était là.

- ## Un ministère extraordinaire

Le jour du baptême de Jésus, au moment où Il sortit de l'eau, le Saint-Esprit descendit sur Lui sous la forme corporelle d'une colombe, et une voix se fit entendre du ciel : *« Tu es mon Fils bien-aimé, en toi j'ai mis toute mon affection. »* (Marc 1:11). Ce jour-là, Dieu le Père, Dieu le Fils et Dieu le Saint-Esprit se réunirent pour cet évènement sans précédent. Le Saint-Esprit Le poussa aussitôt dans le désert, où Il y resta quarante jours et quarante nuits sans manger. À la fin de ces quarante jours, le diable vint pour Le tenter, mais Il parvint à tenir ferme. Il se rendit quelque temps plus tard dans une synagogue, le jour du sabbat, et lut un passage se trouvant dans le livre d'Ésaïe au chapitre 61 :

> *« L'Esprit du Seigneur est sur moi, parce qu'il m'a oint pour annoncer une bonne nouvelle aux pauvres ; Il m'a envoyé pour guérir ceux qui ont le cœur brisé, pour proclamer aux captifs la délivrance, et aux aveugles le recouvrement de la vue, pour renvoyer libres les opprimés, pour publier une année de grâce du Seigneur. »* (Luc 4:18-19)

À la fin de sa lecture, Il s'assit. Alors que les regards étaient encore fixés sur Lui, Il déclara : *« Aujourd'hui cette parole de l'Écriture, que vous venez d'entendre, est accomplie. »* (Luc 4:21). Ce jour-là, Jésus annonça publiquement quel était l'objet de sa mission. Il était alors âgé de trente ans. Bien que son ministère ne dura que trois ans, il fit des choses extraordinaires qu'aucun homme ne fit avant Lui. Il amena une nouvelle pensée, celle du Royaume de Dieu, Il chassa des démons, Il guérit des malades, Il ressuscita des morts, Il multiplia de la nourriture, Il marcha sur l'eau, Il changea de l'eau en vin, Il calma une tempête, et bien d'autres choses encore. Pourtant, malgré toutes les bonnes actions qu'Il pouvait faire, ses détracteurs lui voulaient du mal, à cause du nombre croissant de personnes qui Le suivaient, et surtout du fait qu'Il prétende être le Fils de Dieu. Il leur était difficile de croire que ce simple homme, que certains connaissaient comme étant le fils de Joseph, le charpentier, soit le Messie, le Sauveur tant attendu. Israël étant à l'époque sous la domination de l'Empire romain, le peuple avait probablement imaginé que leur libérateur serait un roi en grand apparat, ou un chef militaire qui viendrait les libérer de leur oppresseur. Alors qu'ils s'attendaient à une libération physique, ils ne parvinrent pas à discerner en Jésus leur Sauveur, car la délivrance qu'Il était venu leur apporter était tout autre : elle était intérieure. Elle consistait à déchirer le voile opaque qui couvrait leur intelligence, et qui maintenait leurs pensées dans l'obscurité. La profondeur de ses messages avait pour but de détruire les fausses croyances qu'ils avaient intégrées, afin d'éclairer leur esprit et de les libérer de la puissance des ténèbres. Les signes et les miracles permettaient de témoigner que le Père était véritablement avec Lui.

Il fut un temps où l'Homme était vraiment libre et jouissait d'un bonheur incommensurable, grâce à l'intimité qui existait entre lui et Dieu. Celle-ci prit malheureusement fin le jour où il Lui désobéit. Dieu dit à Adam : *« Mais tu ne mangeras pas le fruit de l'arbre de la connaissance du bien et du mal, car le jour où tu en mangeras,* **tu mourras, c'est certain**. *»* (Genèse 2:17). Il appuya son avertissement en précisant *« c'est certain »*, pour bien accentuer ce qui se produirait en cas de désobéissance. Adam et Ève cédèrent malgré tout à la tentation, et mangèrent du fruit défendu. En transgressant la volonté de Dieu, ils attirèrent la mort à eux, comme Il le leur avait annoncé. Beaucoup de personnes s'étonnent qu'ils aient continué à vivre après leur geste, comme si Dieu les avait en quelque sorte épargnés. Mais la réalité, c'est qu'Adam et Ève moururent ce jour-là, sauf que la mort dont il s'agissait était spirituelle. Elle consiste à vivre en dehors de la présence et de la volonté de Dieu. Loin de Dieu, les pensées de l'être humain qui étaient autrefois en parfait accord avec celles de son Créateur ne tardèrent pas à se diriger de plus en plus vers le mal. Le diable put dès lors exercer son emprise sur lui en corrompant ses pensées, à cause du péché qui avait pris place dans son cœur.

Le mot hébreu pour péché est « *chatta'th* », ce qui signifie manquer la cible. Ce mot est également utilisé pour décrire le tireur à l'arc qui manque sa cible. Dans le contexte biblique, il se traduit donc par le fait de ne pas atteindre la norme de sainteté attendue par Dieu. L'Homme a été créé à l'image de Dieu, avec pour rôle de Le glorifier sur la Terre. Cependant, à chaque fois qu'un individu pèche, il s'éloigne de la sainteté de Dieu, et par conséquent de la volonté et du plan parfait de Dieu pour sa vie. C'est l'obéissance à ses prescriptions qui lui permet de se rapprocher de Lui, en réajustant sa vie sur la personne de Jésus-Christ.

C'est lorsqu'Adam et Ève ont manqué la cible (péché) que sont nées les violences, les guerres, les inégalités et l'immoralité qui détruisent l'être humain aujourd'hui. Il fallait donc trouver un moyen pour arrêter ce cycle infernal, et réconcilier l'Homme avec son Créateur. Dieu se chargea Lui-même d'apporter une solution en désignant son Fils, pour délivrer les hommes et les femmes de la puissance du péché, qui les pousse constamment à violer ses principes et ses lois, et par conséquent à s'autodétruire. Pour que cette délivrance soit possible, il fallait qu'une personne sans péché prenne la condamnation qui incombait à toute l'humanité. Le Fils de Dieu accepta ce rôle de médiateur[1] et de rédempteur[2], en quittant son ciel de gloire, et en venant sur la Terre comme un simple homme, comme nous le relate l'auteur du livre aux Hébreux :

*« C'est pourquoi Christ, entrant dans le monde, dit : Tu n'as voulu ni sacrifice ni offrande, mais tu m'as formé un corps ; Tu n'as agréé ni holocaustes ni sacrifices pour le péché. Alors j'ai dit : **Voici, je viens** (Dans le rouleau du livre, il est question de moi) **pour faire, ô, Dieu, ta volonté**. Après avoir dit d'abord : Tu n'as voulu et tu n'as agréé ni sacrifices ni offrandes, ni holocaustes ni sacrifices pour le péché (ce qu'on offre selon la loi), Il dit ensuite : **Voici, je viens pour faire ta volonté**. Il abolit ainsi la première chose pour établir la seconde. »* (Hébreux 10:5-9)

- **Mort et ressuscité**

Un soir, des hommes armés vinrent saisir Jésus, et le conduisirent de force devant les principaux sacrificateurs. Il venait d'être trahi par Judas, l'un de ses douze disciples, pour seulement trente pièces d'argent. Ils l'interrogèrent dans le but de

---

1. *« Car il y a un seul Dieu, et aussi un seul médiateur entre Dieu et les hommes, Jésus-Christ homme, qui s'est donné lui-même en rançon pour tous. »* (1 Timothée 2:5-6)
2. Rédempteur : *« Jésus-Christ, qui, par sa crucifixion, a racheté le genre humain et l'a sauvé de la mort éternelle. »* (Définition sur CNRTL, Source : http://www.cnrtl.fr/definition/rédempteur).

trouver un motif pour Le condamner, parce qu'ils cherchaient un moyen de se débarrasser de Lui. Ils Lui demandèrent de leur dire s'Il était vraiment le Fils de Dieu. Jésus leur répondit : « *Vous le dites, je le suis* » (Luc 22:70). En entendant ces paroles, le souverain sacrificateur déchira ses vêtements, et ils décidèrent d'un commun accord de le mettre à mort. Ils l'amenèrent devant Ponce Pilate, et lui demandèrent instamment de le condamner. Celui-ci l'interrogea, mais ne trouva aucune raison valable qui mérite la mort. Devant leur obstination, il finit malgré tout par céder. Jésus fut cloué à la croix entre deux brigands. Parmi ceux qui assistaient à la scène, beaucoup se moquaient de Lui et Lui lançaient des injures. Malgré cela, Jésus pria son Père et Lui dit : « *Père, pardonne-leur, car ils ne savent pas ce qu'ils font.* » (Luc 23:34). La Terre fut couverte par les ténèbres pendant près de trois heures, puis Jésus s'écria : « *Père, je remets mon esprit entre tes mains.* » (Luc 23:46), et mourut. Le voile du Temple se déchira de haut en bas, la terre trembla, des tombeaux s'ouvrirent, et plusieurs saints ressuscitèrent. Un centenier qui était présent reconnut à ce moment-là que cet homme était effectivement le Fils de Dieu.

Trois jours après sa mort, Marie de Magdala se rendit au tombeau, et quelle ne fut pas sa surprise de voir que la pierre avait été roulée, et que le sépulcre était ouvert. Alors qu'elle se demandait encore où l'on avait bien pu emporter son corps, elle Le vit là, debout devant elle. Jésus était vivant. Il était ressuscité, conformément à ce qu'Il avait annoncé à ses disciples. Le séjour des morts ne pouvait Le retenir, car Il n'avait commis aucune faute qui mérite la mort. Il apparut plus tard à ses disciples, ainsi qu'à cinq cents frères (1 Corinthiens 15:6), qui attestèrent qu'Il était bel et bien vivant.

Tout au long de l'Ancien Testament, plusieurs prophéties étaient venues annoncer la venue du Messie, certaines allant même jusqu'à décrire la manière dont Il allait souffrir pour sauver l'humanité. Après sa mort, certains passages comme le chapitre 53 du livre d'Ésaïe prirent soudainement une autre dimension, parce qu'ils décrivaient en détail tout ce qui s'était réellement passé. La justesse de ce chapitre et le fait qu'il ait été écrit environ sept cents ans plus tôt appuient une fois de plus l'évidence que Jésus est bel et bien le Sauveur du monde choisi par Dieu.

2 - Une identité extraordinaire : Fils de Dieu

Les personnes qui étaient au contact de Jésus ne pouvaient pas rester indifférentes. Elles étaient interpellées par sa sagesse, touchées par son amour, étonnées par son autorité, subjuguées par ses miracles et sa puissance. Elles se demandaient pour la plupart, qui pouvait bien être cet homme. Jésus demanda un jour à ses disciples : *« Qui dit-on que je suis, moi, le Fils de l'homme ? »* (Matthieu 16:13). Ils lui répondirent que certains pensaient qu'Il était un prophète, d'autres un messager, d'autres Jean-Baptiste ou Élie le prophète. Il leur demanda alors qui Il pouvait bien être selon eux. Pierre Lui répondit : *« Tu es le Christ, le Fils du Dieu vivant. »* (Matthieu 16:16). Jésus lui fit alors une réponse surprenante. Il lui dit : *« Tu es heureux, Simon, fils de Jonas ; car ce ne sont pas la chair et le sang qui t'ont révélé cela, mais c'est mon Père qui est dans les cieux. »* (Matthieu 16:17). Jésus venait de leur dévoiler un mystère, en leur révélant que seul l'Esprit de Dieu peut permettre à une personne de reconnaître qu'Il est véritablement le Fils de Dieu. Dieu Lui-même témoigna à plusieurs reprises de la filiation qui existe entre Lui et Jésus. Lors du baptême de Jésus, une voix résonna dans le ciel et les personnes présentes entendirent : *« Tu es mon Fils bien-aimé, en toi j'ai mis toute mon affection. »* (Marc 1:11). Quelques jours avant sa mort, Jésus se retira à l'écart sur une montagne avec Pierre, Jacques et Jean, et Il fut transfiguré devant eux. Une nuée les enveloppa, et une voix se fit entendre : *« Celui-ci est mon Fils bien-aimé : écoutez-le ! »* (Marc 9:7). À un autre moment, alors que Jésus expliquait à ses disciples qu'Il était venu pour souffrir, ils entendirent retentir dans le ciel : *« Je l'ai glorifié, et je le glorifierai encore. »* (Jean 12:28).

Un jour, Jésus s'entretenait avec des Juifs, et ils en vinrent à parler d'Abraham. Jésus leur dit la chose suivante : *« En vérité, en vérité, je vous le dis, avant qu'Abraham fût, **je suis**. »* (Jean 8:58). En entendant cela, ils devinrent fous de rage, et cherchèrent à lui jeter des pierres. Abraham ayant vécu près de mille huit cents ans avant Jésus-Christ, ils ne pouvaient croire que Jésus ait vécu avant Abraham. Cette déclaration équivalait pour eux à un blasphème, car en disant : **« Je suis »**, Jésus se faisait l'égal de Dieu. La formulation **« Je suis »** renvoyait directement à Dieu, car c'est la manière dont Il se présenta à Moïse, lorsqu'Il souhaitait qu'il aille en Égypte pour libérer les enfants d'Israël qui y étaient esclaves. Quand Moïse demanda à Dieu de quelle manière il devait Le présenter au peuple, Dieu lui répondit alors : ***« Je suis celui qui suis »*** (Exode 3:14). Jésus-Christ et le Père ne font qu'un, c'est la raison pour laquelle le Fils de Dieu dit à Philippe, l'un de ses disciples : *« Celui qui m'a vu a vu le Père »* (Jean 14:9). Le Fils de Dieu est le Verbe, Il est la Parole de Dieu, comme nous le voyons dans le préambule du premier livre de Jean :

« Au commencement était la Parole, et la Parole était avec Dieu, et la Parole était Dieu. Elle était au commencement avec Dieu. Toutes

choses ont été faites par elle, et rien de ce qui a été fait n'a été fait sans elle. » (Jean 1:1-3)

Il fallait néanmoins que la Parole (le Fils) soit incarnée, afin de bénéficier d'un corps pour venir sur la Terre parler de la part de Dieu. Le verset 14 du livre de Jean nous explique comment cela s'est produit :

*« Et **la parole a été faite chair**, et elle a habité parmi nous, pleine de grâce et de vérité ; et nous avons contemplé sa gloire, une gloire comme la gloire du Fils unique venu du Père. »* (Jean 1:14)

Un grand nombre de qualificatifs sont utilisés dans la Bible pour décrire la personne de Jésus, et j'aimerais vous en présenter quelques-uns, pour vous montrer que Jésus **EST** *avant toutes choses, et que toutes choses subsistent en Lui* (Colossiens 1:17). La Bible dit à son sujet que :

- **Jésus est la porte qui donne accès au Père :** *« Je suis la porte. Si quelqu'un entre par moi, il sera sauvé ; il entrera et il sortira, et il trouvera des pâturages. »* (Jean 10:9)

- **Jésus est le chemin, Il est la vérité, Il est la vie :** *« Jésus lui dit : Je suis le chemin, la vérité, et la vie. Nul ne vient au Père que par moi. »* (Jean 14:6)

- **Jésus est le bon berger :** *« Je suis le bon berger. Le bon berger donne sa vie pour ses brebis. »* (Jean 10:11)

- **Jésus est la résurrection et la vie :** *« Jésus lui dit : Je suis la résurrection et la vie. Celui qui croit en moi vivra, quand même il serait mort (...). »* (Jean 11:25)

- **Jésus est la lumière du monde :** *« Je suis la lumière du monde ; celui qui me suit ne marchera pas dans les ténèbres, mais il aura la lumière de la vie. »* (Jean 8:12)

- **Jésus est le pain de vie :** *« Je suis le pain de vie. Celui qui vient à moi n'aura jamais faim, et celui qui croit en moi n'aura jamais soif. »* (Jean 6:35)

- **Jésus est le cep :** *« Je suis le cep, vous êtes les sarments. Celui qui demeure en moi et en qui je demeure porte beaucoup de fruit, car sans moi vous ne pouvez rien faire. »* (Jean 15:5)

- **Jésus est l'image du Dieu invisible :** *« Il est l'image du Dieu invisible, le premier-né de toute la création. »* (Colossiens 1:15)

3 - Une relation singulière avec le Père

Ces quelques versets témoignent de qui est Jésus-Christ : **Il EST**. Il n'a pas eu besoin de faire des miracles, des délivrances et de guérir des malades pour être vu et aimé par le Père, car le Père l'aime, parce qu'Il EST. C'est pourquoi, avant même qu'Il n'ait fait quoi que ce soit, Dieu dit à son sujet : *« Tu es mon Fils __bien-aimé__, en toi j'ai mis toute mon affection. »* (Marc 1:11). Et c'est justement parce que Jésus sait qui Il EST, qu'Il a été capable de s'effacer pour mettre en avant son

Père et Lui donner toute la gloire. Comprendre la vie de Jésus, sa relation intime avec le Père, et son amour envers tous les hommes, nous permet de mieux saisir la manière dont chacun d'entre nous est appelé à vivre. Il est un modèle exemplaire à suivre, en ce qu'Il a fait la joie parfaite de son Père. Il a aimé son Père, aimé les autres, Il a accompli la volonté du Père, Il a achevé ce pour quoi Il était venu, et pour tout cela, Il a été accueilli au ciel avec les honneurs, en recevant le Nom qui est au-dessus de tout nom.

Avant de faire quoi que ce soit pour Dieu, il nous faut découvrir au préalable qui nous sommes en Lui. Dieu nous aime sans que nous ne fassions rien. Il nous aime simplement parce qu'Il est notre Père et que nous sommes Ses enfants, tout au moins pour celles et ceux qui l'ont accepté. La compréhension de notre filiation avec le Père change radicalement le rapport que nous avons avec Dieu. Dieu est bien plus que le Créateur pour nous, Il est notre Père. Un Père veut le meilleur pour ses enfants, Il les protège, Il pourvoit à leurs besoins, Il met tout en place pour garantir leur bonheur. Notre relation avec Lui ne doit en aucun cas être celle d'un serviteur envers son maître ni d'un pécheur envers un Dieu qui juge, mais elle doit être celle d'un enfant envers son Père. C'est cette relation que Jésus est venu présenter aux hommes, celle d'un fils avec son père.

Lorsque nous comprenons cela, nous n'avons plus peur de l'avenir ni des soucis de la vie. Nous ne nous sentons plus étrangers dans la famille de Dieu et nous cessons de quémander dans nos prières, parce que nous savons que nous sommes enfants de Dieu, et que Dieu ne peut pas nous laisser au bord du chemin, tout simplement parce qu'Il nous aime. Quand nous nous comportons envers Dieu comme ses enfants et que nous l'aimons de tout notre cœur, nous restaurons le lien filial qui avait été rompu avec Lui lors de la chute d'Adam et Ève. Dieu ne nous a pas créés par nécessité, mais par plaisir, et Il nous faut Le voir comme notre Père pour que ce lien de filiation soit de nouveau recréé. Le Saint-Esprit vient déverser l'amour du Père dans nos cœurs, pour que nous soyons capables de l'aimer véritablement. Sans cet amour, aucun homme ni aucune femme n'est capable d'aimer profondément Dieu. Notre cœur doit être l'endroit où sa présence demeure en permanence, le trône sur lequel Il peut s'asseoir et régner dans notre vie. Cela dépend de nous, de ce que nous laissons entrer dans notre cœur, et surtout de ce à quoi nous accordons la première place. Une personne selon le cœur de Dieu donne la première place au Père dans sa vie, parce qu'elle a reçu la révélation de son amour à son égard.

Chapitre 3
Jésus, un héros pas comme les autres

> « *Vous savez comment Dieu a répandu la puissance de l'Esprit Saint sur Jésus de Nazareth. Jésus est passé partout en faisant le bien. Il guérissait tous ceux qui étaient prisonniers de l'esprit du mal, parce que Dieu était avec lui.* »
> (Actes 10:38)

À chaque élection présidentielle, nous assistons généralement au même scénario. Les différents candidats prétendent avoir les solutions aux problèmes que rencontre le pays. Ils disent avoir une stratégie pour le redresser, le faire sortir de sa torpeur et lui redonner sa gloire d'antan. Une fois les élections passées, il ne faudra pas attendre bien longtemps avant que le programme du candidat fraîchement élu soit l'objet de critiques et de grèves en tout genre. Parmi ceux-là mêmes qui l'avaient soutenu, beaucoup sont déçus et regrettent leur choix. Quand une société est en péril, ses habitants ont tendance à chercher l'espoir en des hommes et des femmes qu'ils pensent être capables de les secourir. Chaque personne est pour ainsi dire à la recherche d'un sauveur, en fonction du problème qui le concerne. Les écologistes veulent un leader qui sauvera la planète, les banquiers un financier qui relèvera l'économie, le malade un médecin qui lui permettra de recouvrer la santé. Pour d'autres, il peut s'agir de sauver leur mariage, leur emploi ou leur enfant tombé dans la délinquance. La personne qui parviendra à les aider sera accueillie comme un sauveur, parce qu'elle aura réussi à répondre à un problème auquel ils n'avaient aucune solution.

Le récit de l'humanité est rempli d'histoires d'hommes et de femmes dont les actions ont marqué leur temps d'une manière particulière. L'héritage qu'ils ont laissé continue de résonner aujourd'hui. Chaque époque a vu apparaître, ou plutôt devrait-on dire a fait naître, un certain type de héros et d'héroïne, en fonction du contexte social, historique, politique, culturel, ou d'un évènement bien particulier. **Aucun être humain ne naît héros, mais il le devient**. De même, aucun être humain ne s'autoproclame héros, ce sont les autres qui le désignent ainsi. La société a toujours eu une certaine fascination pour les hommes et les femmes qui ont accompli quelque chose de significatif, qui ont une certaine intelligence, de la sagesse ou qui manifestent un trait de caractère bien particulier. Une société a besoin d'avoir des héros pour ne pas oublier son histoire, pour avoir des modèles qui inspirent les générations à venir, et toujours se rappeler que chaque être humain cache en lui quelque chose d'exceptionnel qui n'attend que le moment opportun pour se révéler.

Parmi les grands héros populaires que compte l'Histoire, Jésus-Christ ne fait pas partie de la liste, bien qu'Il y ait très largement sa place. Il est un héros subversif qui a renversé les fondements et les systèmes de valeurs établis hors de la volonté de Dieu. Sa vie a non seulement bouleversé ses contemporains, mais également l'ensemble de l'humanité. Il a sauvé des millions de vies et continue d'en sauver aujourd'hui. Son nom est l'un des plus connus au monde, puisque sa date de naissance présumée n'est autre que le point de référence du calendrier grégorien. Il a accompli des choses qu'aucune autre personne n'a faites avant, ni même après Lui. La majorité des historiens et des intellectuels le classent quasi exclusivement dans la catégorie des leaders religieux, des sages ou des prophètes. Il représente pourtant bien plus que cela pour les personnes qui ont compris véritablement qui Il est, la dimension de ses messages et de sa vie, ainsi que son acte ultime qu'est l'acceptation de la crucifixion. Il est leur modèle, leur grand frère, leur avocat auprès du Père, leur Sauveur, leur Rédempteur, Il a fait don de sa vie pour l'humanité, Il est le seul qui a vaincu la mort, Il est en un mot leur héros. Jésus-Christ a révolutionné l'Histoire de toute l'humanité en apportant une pensée qui venait d'un autre monde, celle du Royaume de Dieu. Il est bien plus qu'un leader religieux, qu'un sage ou qu'un prophète. Il est le héros de toute une communauté, car Lui seul a été capable de réconcilier les hommes avec leur Créateur et de leur donner la vie éternelle, en les délivrant de la puissance de la mort et du péché, et en déchirant le voile qui les maintenait dans les ténèbres.

1 - Jésus est venu redonner la vue aux aveugles physiques et spirituels

Après avoir jeûné quarante jours et quarante nuits, Jésus s'est rendu à la synagogue le jour du sabbat, et il a lu le passage suivant :

« L'Esprit du Seigneur est sur moi, parce qu'il m'a oint pour annoncer une bonne nouvelle aux pauvres ; Il m'a envoyé pour guérir ceux qui ont le cœur brisé,

*pour proclamer aux captifs la déli-
vrance, et aux aveugles le recouvre-
ment de la vue, pour renvoyer
libres les opprimés, pour publier
une année de grâce du Seigneur. »*
(Luc 4:18-19)

Jésus a dit qu'Il était venu proclamer aux captifs la délivrance, pourtant, à aucun moment nous ne l'avons vu mener
une révolte militaire contre l'Empire romain qui dominait toute
la région à l'époque. Nous comprenons alors que lorsqu'Il
parlait de *captifs*, Il faisait référence aux personnes qui étaient
malades et avaient des esprits impurs, mais pas seulement. Il
parlait également de toutes les personnes qui étaient enfermées
dans leur système de pensée et prisonnières des mensonges
du diable, simplement parce qu'elles ne connaissaient pas la
vérité. C'est pourquoi Il a dit aux Juifs : « *Si vous demeurez dans ma parole, vous êtes vraiment mes disciples ; vous
connaîtrez la vérité, et la vérité vous affranchira.* » (Jean 8:31).
Tous ceux qui entendent sa Parole et qui l'acceptent dans leur
cœur sont libérés, car ses paroles sont Esprit et vie (Jean 6:63).
Or, *nous savons que là où est l'Esprit du Seigneur, là est la
liberté* (2 Corinthiens 3:17). Jésus est la Parole faite chair, et
chacun de ses mots produit la vie et la foi dans l'esprit de celui
et celle qui les entendent. C'est pourquoi la Bible nous dit que :
« *Ainsi la foi vient de ce qu'on entend, et ce qu'on entend vient
de la parole de Christ.* » (Romains 10:17)

- **L'affranchissement par la vérité**

En septembre 2018, Jean Botham, un jeune noir de vingt-
six ans, a été tué dans son appartement, par Amber Guyger,
une ex-policière de trente et un ans, qui pensait rentrer chez
elle. Lorsqu'elle a vu le jeune homme assis dans le salon, elle a

aussitôt ouvert le feu et l'a tué. Au bout de quelques secondes, elle s'est rendu compte qu'elle n'était pas dans son appartement, mais dans celui du jeune homme. Cet évènement dramatique a ému une bonne partie des États-Unis. Le 2 octobre 2019, le procès a été marqué par un évènement particulier qui en a dérouté plus d'un, puisque le petit frère de Jean Botham a dit à l'ex-policière qu'il la pardonnait, et il a demandé à la juge s'il pouvait la prendre dans ses bras. Malgré cet accident dramatique, il a trouvé la force de pardonner le geste commis par la meurtrière de son frère.

Cette histoire nous montre bien que lorsque nous avons une mauvaise perception des choses, nos certitudes sont forcément faussées, et que ce que l'on pense être vrai n'est finalement pas aussi vrai qu'il n'y paraît. Amber Guyger était convaincue à 100 % d'être chez elle, c'était pour ainsi dire « sa réalité ». Pourtant, juste après avoir commis cet acte tragique, elle s'est rendu compte que ce qu'elle pensait être vrai s'avérait être faux, et c'est ce qui a malheureusement altéré son jugement. En d'autres termes, un mensonge, une erreur, ou une mauvaise information peuvent créer une « fausse réalité », mais qui peut devenir « notre réalité », si nous le croyons et l'acceptons comme étant vrai. C'est ainsi qu'un grand nombre d'hommes et de femmes vivent dans une sorte de « réalité virtuelle », car ce qu'ils considèrent comme étant vrai s'appuie sur des éléments, des arguments ou des faits qui ne le sont pas. Chaque être humain devrait se mettre en quête de vérité, pour ne pas commettre l'erreur de passer à côté de sa vie, à cause de l'image tronquée qu'il peut avoir de la réalité.

Jésus s'est présenté comme étant le chemin, la vérité et la vie. Il est le seul chemin qui mène au Père, la vérité qui libère des mensonges de l'ennemi, et la vie qui produit la vie en abondance. Il est venu libérer les hommes et les femmes de tout aveuglement spirituel et intellectuel, en leur faisant connaître la vérité. La vérité annule la puissance du mensonge, qui déforme notre réalité et la manière dont nous voyons et comprenons les choses. C'est pourquoi Jésus a dit à ses disciples : « *Si vous demeurez dans ma parole, vous êtes vraiment mes disciples ; vous connaîtrez la vérité, et la vérité vous affranchira.* » (Jean 8:32). Ce verset fait à mon sens partie des plus puissants passages des Évangiles, parce qu'il nous permet de comprendre à quel point le fait de connaître la vérité permet de libérer les individus, en les réajustant sur la réalité de Dieu. D'où l'importance de lire la Bible régulièrement et surtout de la méditer, c'est-à-dire de passer et repasser certains versets dans nos cœurs, jusqu'à ce qu'ils s'inscrivent en nous, et deviennent notre réalité. Chaque fois que nous parvenons à nous approprier la réalité d'un verset, nous avons immédiatement accès à la promesse qui y est rattachée. Plus nous connaissons la Parole de Dieu, et plus nous marchons dans la vie victorieuse en Christ, car notre réalité ne s'appuie plus sur ce que nous voyons avec nos yeux physiques, mais sur ce que la Bible dit. Jésus a dit à ses disciples : « *Tout est possible à celui qui croit.* » (Marc 9:23). Ainsi, plus nous croyons la Parole de Dieu, plus nos limites intellectuelles sont repoussées, grâce à la foi qui grandit en nous. Nous ne nous préoccupons plus pour savoir comment Dieu va s'y prendre, mais nous nous appuyons sur sa Parole, à savoir : « *Ce que sa bouche dit, sa main l'accomplit* » (1 Rois 8:24).

- **La liberté par le changement de manière de penser**

Le message principal que Jésus est venu apporter consistait à changer notre manière de penser. Lorsqu'Il a commencé son ministère, Il avait pour habitude de répéter : « *Repentez-vous, car le royaume des cieux est proche.* » (Matthieu 3:2). D'autres versions, comme la Segond 21 disent : « ***Changez d'attitude****, car le royaume des cieux est proche.* » En d'autres termes, Jésus est venu apporter une autre manière de penser, Il est venu changer notre perspective, afin que notre pensée soit désormais dirigée du ciel vers la Terre. Il s'agit parfois d'un long et douloureux processus, qui s'opère en nous et nous transforme progressivement. Mais alors que vous persévérez, vous ne tarderez pas à constater un changement dans la manière dont vous aviez l'habitude de voir et de prioriser les choses, et les motivations qui dirigeaient votre vie jusqu'à présent seront elles aussi totalement renversées. C'est la raison pour laquelle, lorsque ses disciples lui ont demandé qu'Il leur apprenne à prier, Jésus a commencé la prière du Notre Père en leur disant la chose suivante :

> *« Notre Père qui es aux cieux !*
> *Que ton nom soit sanctifié ;* **que**
> **ton règne vienne ; que ta volonté**
> **soit faite sur la terre comme au**
> **ciel.** *»* (Matthieu 6:9-10)

Ce verset est une invitation pour que le Royaume de Dieu vienne s'établir sur la Terre, que ses lois, ses principes et ses valeurs puissent intervenir dans la vie de ses habitants, afin qu'ils bénéficient des innombrables privilèges qu'ils procurent, l'un d'entre eux étant la liberté. Ainsi, la vraie liberté est uniquement accessible aux hommes et aux femmes qui fonctionnent avec la pensée du Royaume de Dieu, car elle leur permet de comprendre véritablement qui ils sont, et comment est organisé le monde. Les personnes qui découvrent leur identité en Christ ne ressentent plus le besoin de suivre la foule, ni même de faire quelque chose pour exister. Mais elles font tout leur possible pour devenir ce que Dieu avait prévu de toute éternité (Jérémie 29:11).

Jésus est venu libérer les captifs. C'est le mandat qu'Il a laissé à ses disciples, en leur disant qu'en son nom, ils chasseront les démons, ils guériront les malades et ils ressusciteront les morts (Matthieu 10:8). Les chrétiens nés de nouveau et remplis du Saint-Esprit ont reçu à la fois l'autorité (le nom de Jésus), et la puissance (le Saint-Esprit), pour opérer sur la Terre, et eux aussi à leur tour, libérer les captifs comme Jésus. Un peu partout, nous assistons de plus en plus fréquemment à des guérisons miraculeuses ou à des délivrances. Le Royaume de Dieu est en mouvement, et Il est à la recherche d'hommes et de femmes pour renforcer les rangs de son armée. La guerre n'est pas contre la chair et le sang, c'est-à-dire les hommes, mais contre les principautés, les dominations et les esprits méchants dans les lieux célestes, comme nous l'indique ce verset :

> *« Revêtez-vous de toutes les armes de Dieu, afin de pouvoir tenir ferme contre les ruses du diable. Car nous n'avons pas à lutter contre la chair et le sang, mais contre les dominations, contre les autorités, contre les princes de ce monde de ténèbres, contre les esprits méchants dans les lieux* célestes. » (Éphésiens 6:11-12)

Les **dominations**[1] sont des forces qui influencent des nations, des villes et des territoires. Les **autorités** sont des puissances qui influencent les gouvernements, notamment concernant la prise de décision conduisant au vote de certaines lois. Ce n'est pas un hasard si vous voyez le même type

---

1. *"Powers behind the scenes"*, Archbishop Nicholas Duncan-Williams, 2014. "Understanding your spirit world", John Mumba, 2014.

de lois votées au même moment dans plusieurs pays, car ces puissances travaillent activement à l'instauration d'un nouvel ordre mondial, afin d'influencer et de contrôler le plus grand nombre. Les **princes du royaume des ténèbres** influencent les êtres humains en suscitant de fausses religions et doctrines, et en les poussant aux pratiques occultes. Les **esprits méchants** poussent les hommes à pécher et à commettre toutes sortes d'atrocités : perversion sexuelle, crimes, addictions…

Ces esprits démoniaques interfèrent dans les affaires des êtres humains, en influençant des pays, des régions et des villes, par de fausses doctrines, de fausses croyances, des valeurs et des mœurs contraires à celles de Dieu. Leur but est de corrompre le cœur de l'Homme, afin de contrôler son système de pensée. Très peu de gens s'en rendent compte en raison des forteresses qui sont solidement ancrées dans leur pensée, et influencent leur perception de la réalité. Il est important d'en avoir conscience, afin de pouvoir lutter contre tout un ensemble de carcans qui enferment les individus. La guerre doit être menée contre toutes formes de servitudes émotionnelles (peur, colère, stress, dépression, blessures de l'âme), physiques (maladies), voire intellectuelles (éducation, philosophie, sciences), car certaines idéologies peuvent emprisonner les gens en les empêchant de se voir tels que Dieu les a créés réellement.

Fort heureusement, à la croix de Golgotha, Jésus-Christ a vaincu la puissance de toutes ces forces démoniaques, et Il a réduit à néant l'acte de condamnation qui pesait sur tous ceux qui se confient en Lui :

> *« Car il a annulé l'acte qui établissait nos manquements à l'égard des commandements. Oui, il l'a effacé, le clouant sur la croix.*

<blockquote>
Là, il a désarmé toute Autorité, tout Pouvoir, les donnant publiquement en spectacle quand il les a traînés dans son cortège triomphal après sa victoire à la croix. »
(Colossiens 2:14-15)
</blockquote>

2 - La destruction de la puissance de la mort et du péché

Jésus-Christ est venu libérer les hommes de la puissance du péché, en détruisant le pouvoir des ténèbres. En mourant à la croix, Il est descendu dans le séjour des morts, mais la mort ne pouvait pas Le retenir, car Il avait parfaitement respecté toute la loi de Moïse, en ne commettant aucune faute. Il ne pouvait donc pas logiquement rester dans ce lieu réservé aux pécheurs, depuis la chute d'Adam et Ève. Plusieurs passages des Écritures nous montrent qu'au travers de sa mort, Jésus-Christ a réduit à néant la puissance de la mort en récupérant les clés de la mort et du séjour des morts :

<blockquote>
« Car tu n'abandonneras pas mon âme dans le séjour des morts, Et tu ne permettras pas que ton Saint voie la corruption. »
(Actes 2:27)
</blockquote>

<blockquote>
« (...) Je suis le premier et le dernier, et le vivant. J'étais mort ; et voici, je suis vivant aux siècles des siècles. Je tiens les clés de la mort et du séjour des morts. »
(Apocalypse 1:17-18).
</blockquote>

« Puisque ces « enfants », comme il les appelle, sont des hommes de chair et de sang, il devait partager notre condition humaine. Il l'a fait, afin qu'en passant lui-même par la mort, il puisse ravir le pouvoir à celui qui détenait la puissance de la mort, c'est-à-dire au diable. »
(Hébreu 2:14)

Pendant que les gens religieux se réjouissaient de sa mort, ils étaient très loin de se douter que derrière cet acte se cachait la délivrance de toute l'humanité du pouvoir de la mort. Satan jubilait lui aussi d'avoir vaincu le Fils de Dieu, jusqu'au moment où Il vit Jésus lui réclamer les clés du séjour des morts. La croix est le point central du christianisme, elle signe un tournant dans toute l'histoire de l'humanité, car elle marque la défaite définitive du diable, qui n'eut d'autre choix que de Lui remettre les clés. Ainsi, toute personne qui remet sa vie entre les mains de Jésus-Christ jouit elle aussi des bénéfices de sa victoire :

« Autrefois, vous étiez spirituellement morts à cause de vos fautes et parce que vous étiez des incirconcis, des païens. Mais maintenant, Dieu vous a fait revivre avec le Christ. Il nous a pardonné toutes nos fautes. Il a annulé le document qui nous accusait et qui nous était contraire par ses dispositions : il l'a supprimé en le clouant à la croix. C'est ainsi que Dieu a désarmé les autorités et pouvoirs spirituels ; il les a donnés publiquement en spectacle en

En se présentant devant le Père, Jésus Lui montra son propre sang pour le rachat des péchés de l'humanité. Cet acte est à l'image de la pratique opérée par le souverain sacrificateur qui présentait le sang des animaux devant Dieu pour <u>couvrir</u> les péchés du peuple, dans l'Ancien Testament (Lévitique 4:27-29). Mais pour ôter les péchés des hommes, seul le sang pur et parfait de Jésus-Christ pouvait être présenté devant le Père. Dieu étant Saint, il fallait que le sang de Jésus-Christ qui est pur purifie et sanctifie les hommes pour qu'ils accèdent à Sa présence et reçoivent la vie éternelle, comme l'explique très bien l'auteur de l'épître aux Hébreux : « *Ainsi donc, mes frères, parce que Jésus a versé son sang, nous avons un libre accès au sanctuaire éternel ; sa mort nous donne l'assurance de pouvoir pénétrer dans le lieu très-saint.* » (Hébreux 10:19). Jésus reçut tout pouvoir dans le ciel et sur la Terre (Matthieu 28:18), et le Nom au-dessus de tout nom (Philippiens 2:9). Il redonna aux hommes l'autorité qu'Adam et Ève avaient cédée à Satan, en ayant cru son mensonge et en s'étant placés ainsi sous son autorité. Ainsi, toute personne qui accepte Jésus comme Seigneur et Sauveur personnel a droit au pardon de ses péchés. Elle n'a aucune action particulière à faire, hormis le fait de croire, car le salut est accordé par grâce (Éphésiens 2:8).

Son ministère ne s'arrête pas après son départ, puisqu'Il vit encore aujourd'hui, et continue de se révéler aux hommes et aux femmes au travers de son Esprit. On ne compte plus le nombre de personnes qui à un moment donné de leur vie aspiraient à un profond changement, et qui eurent une rencontre personnelle avec Lui. Elles témoignent qu'Il est non seulement vivant, mais qu'Il a bouleversé complètement leur existence. Une personne qui plaît au cœur de Dieu est quelqu'un qui, à l'instar de Jésus-Christ, s'attache à libérer les captifs de toutes formes d'oppression, qu'elles soient physiques, spirituelles ou émotionnelles. Cela ne peut se faire par nos propres forces, ni même par notre puissance, mais par le Saint-Esprit (Zacharie 4:6).

Chapitre 4
Sur les pas de Jésus-Christ

> *« Car ceux qu'il a connus d'avance, il les a aussi prédestinés à être semblables à l'image de son Fils, afin que son Fils fût le premier-né entre plusieurs frères. »*
> (Romains 8:29)

Un soir, Judith demande à des amis de prier pour elle, afin qu'elle puisse être totalement guérie de sa maladie. Depuis plusieurs années, elle est atteinte d'une sclérose en plaques. Alors que le groupe est en train de prier pour elle, le Saint-Esprit révèle à l'un des frères que quelque chose bloque leurs prières. Celui-ci ressent au fond de son cœur qu'elle a besoin de pardonner à quelqu'un. Il lui pose la question et lui demande si elle n'a pas une personne en particulier à pardonner. En entendant ces paroles, Judith se met à pleurer. Elle expliquera plus tard qu'elle a été mariée pendant une courte durée, mais qu'elle s'est séparée parce que son mariage s'est très mal passé. Suite à cette séparation, une colère et une haine envers son ancien conjoint ont envahi son cœur. Quelque temps après, la maladie est apparue. En écoutant son histoire, ils se sont rendu compte que le manque de pardon empêchait leurs prières de monter jusqu'au trône de Dieu. Judith n'a pas été capable de pardonner ce jour-là, car la douleur était encore beaucoup trop vive. Mais elle a demandé à Dieu de lui donner la force, et elle y est parvenue beaucoup plus tard. La maladie avait entre-temps gagné du terrain, au point qu'elle risquait de perdre la vue. Malgré les diagnostics des médecins, elle a placé sa foi en Dieu, et Dieu l'a totalement guérie.

Cette histoire nous montre ce que devrait normalement être la vie chrétienne : une démonstration visible de la puissance de Dieu. En quittant ses disciples, Jésus leur a dit : *« En vérité, en vérité, je vous le dis, celui qui croit en moi fera aussi les œuvres que je fais, et il en fera de plus grandes, parce que je m'en vais au Père. »* (Jean 14:12). Les guérisons, les délivrances, les restaurations émotionnelles et spirituelles ne se sont certainement pas arrêtées avec le départ de Jésus. Il a donné à ses disciples, ainsi qu'à tous ceux qui s'engageraient à Le suivre par la suite, le pouvoir et l'autorité de continuer ce qu'Il a commencé. Il nous a laissé plusieurs instructions, comme :

> *« Voici, je vous ai donné le pouvoir de marcher sur les serpents et les scorpions, et sur toute la puissance de l'ennemi ; et rien ne pourra vous nuire. »* (Luc 10:19)

> *« Voici les miracles qui accompagneront ceux qui auront cru : en mon nom, ils chasseront les démons ; ils parleront de nouvelles langues ; ils saisiront des serpents ; s'ils boivent quelque breuvage mortel, il ne leur fera point de mal ; ils imposeront les mains aux malades, et les malades, seront guéris. »* (Marc 16:17-18)

1 - Manifester Christ en caractère et en œuvre

La responsabilité qui incombe aux hommes et aux femmes qui ont fait le choix de suivre Jésus est de L'imiter, afin que l'héritage qu'Il leur a légué ne se perde pas, mais qu'il perdure jusqu'à ce qu'Il revienne. Guérir les malades, chasser les démons et ressusciter les morts, font partie de la mission que Jésus a confiée à son peuple (Matthieu 10:8), et bien qu'étant absent physiquement, Il est néanmoins présent dans le cœur des croyants par la foi.

Un peu partout, nous entendons de plus en plus parler de guérisons miraculeuses, même si cela n'est pas forcément relayé dans les grands médias, qui préfèrent laisser croire que le christianisme n'est qu'une religion sans vie. Et lorsqu'ils décident de faire un reportage, ils choisissent volontairement une église bizarre, ou utilisent un ton sarcastique pour décrédibiliser toute une communauté. La religion est un ensemble de lois et de principes auxquels sont soumis ses adeptes, mais le VRAI christianisme doit normalement se caractériser par la vie de l'Esprit. En effet, les chrétiens ne sont plus sous la loi, mais ils doivent être conduits par le Saint-Esprit. Le Saint-Esprit libère les captifs, en apportant une liberté psychique, émotionnelle, physique, spirituelle, voire même financière. Il restaure l'âme, guérit les blessures intérieures, apporte la paix, et déverse l'amour de Dieu dans les cœurs. Pour que ce processus soit complet, Il doit nous « désincarcérer » du conformisme et de la culture de la société. L'effort en vaut néanmoins la peine, car cela nous permet de nous réaligner avec la personne que nous sommes véritablement, et celles et ceux qui y parviennent sont alors rétablis dans la position initiale que Dieu avait prévue pour eux, avant la fondation du monde. Ils quittent alors le stade du simple croyant ou du chrétien tiède, pour entrer dans celui de l'intimité. Ils ne se comportent dès lors plus comme de simples serviteurs, mais comme des amis de Dieu.

• Un prix à payer pour avoir le caractère de Christ

J'étais un jour au téléphone avec mon ami Pascal qui se trouve aux États-Unis, et il m'a fait part de quelque chose de vraiment intéressant concernant l'importance de payer le prix, afin d'avoir le caractère de Christ. Voici ce qu'il m'a dit : *« Le prix à payer ne pourra jamais remplacer le prix que Christ a payé, mais le prix que nous payons nous permet de saisir pleinement par la foi le prix que Lui a payé. L'erreur de la religion est de nous faire croire que le prix que nous payons peut remplacer le prix que Lui a payé. »*

Pourquoi utiliser l'expression « payer le prix » ? Parce que les choses précieuses ont une valeur élevée, et qu'il est normal qu'elles requièrent un sacrifice supérieur de notre part. Seuls celles et ceux qui ont soif de vivre davantage de choses avec le Père et le Fils seront prêts à payer le prix. Cette soif peut soit venir du Saint-Esprit, soit d'une profonde frustration en constatant qu'il y a une grande différence entre ce que dit la Bible et ce qu'ils vivent au quotidien. Elle peut également venir du fait d'être entouré de gens qui recherchent eux aussi activement Dieu, ou de personnes qui ont su développer une profonde intimité avec Lui. En voyant ce qu'ils vivent, la manière dont Dieu leur parle et les utilise, ainsi que les fruits qu'ils portent, vous avez vous aussi envie de vivre la même chose. Personne ne peut y parvenir par ses propres forces, c'est le Saint-Esprit qui nous en donne la capacité, même s'Il a néanmoins besoin de trouver un homme ou une femme dont le cœur est disposé. Quelqu'un qui est prêt à mettre de côté tout ce qui est futile, pour laisser à Dieu la première place.

Dieu nous observe, et regarde ce que nous sommes prêts à abandonner pour l'avoir Lui, et Lui seul. Pour certains, il peut s'agir d'une relation toxique, d'une mauvaise habitude, d'un mauvais trait de caractère, ou de toutes sortes de distractions qui occupent tout votre temps libre, comme le fait de passer des heures devant la télévision, devant l'ordinateur ou au téléphone, alors que vous pourriez raccourcir la durée pour passer davantage de temps dans Sa présence. Le Saint-Esprit vous forcera très rarement la main, sauf s'il en va vraiment de votre vie. Généralement, Il crée des envies, donne des idées ou une direction, mais Il a besoin que la personne s'accorde avec sa volonté pour pouvoir travailler en elle et au travers d'elle.

C'est généralement dans le calme que Dieu aime se révéler aux gens, et les amener dans une tout autre dimension, au point que sa présence devienne de plus en plus réelle et palpable. Le calme n'est pas tant le lieu physique, même si cela est très important, mais vous savez comme moi que vous pouvez très bien être seul dans votre chambre, et être assailli par toutes sortes de pensées, ou dérangé constamment par des appels ou des messages téléphoniques. Il s'agit d'être au calme dans votre cœur et dans vos pensées, en mettant de côté toutes les préoccupations de la journée, pour fixer votre attention sur Lui, et Lui seul. Ainsi, vous pouvez très bien être dans votre voiture, ou dans un train bondé, et être connecté au cœur de Dieu, parce que vous avez appris à faire silence à l'intérieur de vous, et à communier avec Lui. Votre esprit est l'endroit où vous communiez avec Dieu, et c'est dans le calme que vous apprenez peu à peu à discerner la douce voix du Saint-Esprit.

Alors que vous apprenez à passer du temps dans la présence de Dieu, votre foi ne s'appuiera plus seulement sur ce que vous avez lu et entendu, mais sur ce que vous avez personnellement vu et vécu avec Dieu, c'est-à-dire sur la révélation que vous avez à présent de Lui. Vos différentes expériences viendront fortifier votre foi, au point de la rendre inébranlable. Sa présence devient alors pour vous tellement extraordinaire que vous faites tout votre possible pour la garder, et ne plus la perdre. Vous savez maintenant ce qui plaît à Dieu et ce qui l'attriste, ce qui attire sa présence, et ce qui la fait fuir. Vous faites attention à la manière dont vous parlez, vous filtrez les pensées qui occupent votre intellect, vous êtes attentif à ce que vous laissez entrer dans votre cœur, vous refusez les disputes, vous demandez pardon dès que vous avez commis une faute, vous faites tout pour demeurer dans l'amour et le manifester. Ce sont d'ailleurs toutes ces choses qui vous permettent d'accéder à son intimité. À mesure que vous vous rapprochez de Dieu, le Saint-Esprit met en lumière les choses mauvaises qui sont cachées dans les différentes pièces de votre cœur. Pour certains il peut s'agir de la colère, de l'orgueil, de l'égoïsme ou de l'hypocrisie. Pour d'autres, d'un besoin de reconnaissance qui est généralement lié à un manque de confiance en soi, ou à l'orgueil qui nous pousse à vouloir démontrer aux autres que nous sommes meilleurs qu'eux. Pour d'autres encore, il peut être question de blessures affectives en raison d'un environnement familial compliqué, de violences physiques ou émotionnelles durant l'enfance ou à l'âge adulte, ou comme nous l'avons vu plus tôt, d'une séparation qui s'est très mal passée.

Peut-être pensez-vous être meilleur que les autres ? Plus intelligent, plus compréhensif, plus fort, plus à l'écoute, plus gentil, plus prompt à aider ? Alors que vous essayez de vous rapprocher de Dieu, toutes sortes de sentiments bizarres envahissent vos pensées et vos émotions, si bien que vous pouvez avoir l'impression d'être indigne et de ne pas mériter son amour. C'est parce que le Saint-Esprit met votre cœur à nu, pour que vous puissiez vous voir tel que vous êtes réellement, sans masque et sans faux-semblants. Face au miroir de votre âme, vous vous rendez compte combien vous avez besoin de Dieu, et de son action dans votre vie, pour vous libérer de toutes ces choses qui ont érigé un mur invisible entre Lui et vous. Cette séparation symbolise en quelque sorte tout ce qui vous éloigne de Lui, et vous empêche d'entrer dans son intimité. Il peut s'agir de la colère, la médisance, la jalousie, l'impureté, le mensonge, la rébellion, la cupidité. Il est impératif que chacune des briques de ce mur puisse tomber, pour que vous ayez accès pleinement à sa présence, et que vous deveniez ainsi véritablement vous-même. C'est uniquement face à son Créateur que l'être humain découvre vraiment qui il est, et ce pour quoi il a été créé. C'est avec ce cœur contrit que le Saint-Esprit peut alors commencer son travail de déconstruction, afin de remodeler le vase d'honneur que vous êtes pour Dieu. Dieu est le potier, et vous êtes l'argile. Il est nécessaire que vous passiez entre ses mains, pour qu'Il vous redonne la vraie forme qui est la vôtre, car les aléas de la vie et le système du monde vous ont déformé.

La Bible dit que : « *Mais celui qui s'attache au Seigneur est avec lui un seul esprit.* » (1 Corinthiens 6:17). Le mot grec pour attacher est « *kollao* », ce qui signifie : lier fermement ensemble, ou cimenter. La notion de « cimenter » est très intéressante, parce qu'elle exprime une fusion entre deux éléments, afin qu'ils n'en forment finalement qu'un seul. Il est vrai que celles et ceux qui sont nés de nouveau sont un seul esprit avec Dieu, car le Saint-Esprit demeure dans leur esprit. Cependant, combien de personnes sont véritablement UN avec Dieu ? Combien ont une même voix, une même pensée, un même cœur avec Lui ? Voilà exactement la dimension à laquelle Dieu appelle chacun d'entre nous. Elle n'est néanmoins pas accessible à tous, car elle est réservée uniquement à celles et ceux qui sont prêts à payer le prix, aux personnes qui refusent de se satisfaire d'une vie chrétienne médiocre. C'est de cette manière qu'ont marché les apôtres en leur temps, et c'est ce que vivent les hommes et les femmes qui souhaitent que Dieu leur dévoile ses secrets et leur parle face à face.

- **Un prix à payer dans la prière**

Jésus a dit un jour aux Juifs *qu'Il ne faisait rien de Lui-même, mais qu'Il ne faisait que ce qu'Il voyait le Père faire* (Jean 5:19). Il a également dit *qu'Il ne parlait pas de Lui-même, mais que le Père qui L'a envoyé Lui a prescrit ce qu'Il devait dire et annoncer* (Jean 12:49). Il y avait une telle unité entre Jésus et son Père, qu'absolument tout ce que Jésus disait était l'expression de la pensée du Père, et tout ce qu'Il faisait était la manifestation de la volonté de Dieu. Cette parfaite harmonie découlait du fait que Jésus était totalement soumis au Père. C'est pourquoi Jésus a répondu à Philippe qui souhaitait voir Dieu : « *Celui qui m'a vu a vu le Père* » (Jean 14:9). Jésus était à la fois 100 % homme et 100 % Dieu, mais Il a vécu comme un simple homme, parce qu'Il Lui fallait vaincre le péché en tant qu'homme.

C'est après une nuit entière de prière que Jésus a choisi ses disciples, et tous ceux qui le touchaient étaient guéris, parce qu'une force sortait de Lui (Luc 6:12-19). C'est après un temps de prière dans le jardin de Gethsémané qu'Il a trouvé la force d'affronter l'épreuve terrible de la croix, et qu'un ange est venu du ciel pour le fortifier (Luc 22:43). En voyant les guérisons, les nombreux miracles, et en entendant ses enseignements, les disciples lui ont demandé un jour qu'Il leur apprenne à prier, parce qu'ils avaient compris que tout cela n'était rendu possible que grâce à sa vie de prière.

Cette constatation doit amener chacun d'entre nous à nous rendre compte combien la prière est importante. Si le Fils de Dieu qui connaissait parfaitement le Père avait besoin de prier, à plus forte raison les croyants ont-ils eux aussi besoin de s'y consacrer. La prière n'est en aucun cas un exercice religieux, dont le but est d'avoir une bonne conscience devant Dieu, ou pour certains de se montrer devant les hommes. Elle est un dialogue, un échange entre Dieu et sa création. Elle n'est pas non plus une option, car c'est l'unique moyen de développer une réelle intimité avec le Père. C'est dans le calme que le Père se révèle davantage à vous, lorsque vous fixez votre attention sur Lui, que vous Lui parlez, et que vous prenez le temps de L'écouter. Alors que vous vous attendez à ce qu'Il vous parle, Il vous répondra certainement d'une manière ou d'une autre, comme nous le montre ce verset : « *Vous me chercherez, et vous me trouverez, si vous me cherchez de tout votre cœur.* » (Jérémie 29:13).

Lorsque vous priez, il est important de vous appuyer sur la Parole de Dieu, pour être certain que Dieu va prêter attention à votre prière, et qu'Il va agir. Si vous êtes malade, vous devez trouver un ou des versets qui parlent de guérison, comme : « *Mais il était blessé pour nos péchés, brisé pour nos iniquités ; Le châtiment qui nous donne la paix est tombé sur lui, **et c'est par ses meurtrissures que nous sommes guéris**.* » (Ésaïe 53:5). Si vous traversez des moments particulièrement difficiles, vous pouvez retrouver espoir dans des versets comme : « *Le malheur atteint souvent le juste, mais l'Éternel l'en délivre toujours.* » (Psaumes 34:19). Si vous passez par une situation que vous ne comprenez pas, vous pouvez vous rappeler que : « *Nous savons, du reste, que **toutes choses concourent au bien de ceux qui aiment Dieu**, de ceux qui sont appelés selon son dessein.* » (Romains 8:28). Dieu peut intervenir lorsque vous utilisez sa Parole, car sa Parole l'engage, et nous savons que *Dieu n'est pas un homme pour mentir* (Nombres 23:19). Je tiens à préciser une nouvelle fois qu'il faut que nos prières soient présentées devant Dieu avec un cœur sincère, et qu'elles soient inspirées par le Saint-Esprit.

- **La Bible**

La Bible contient toutes les situations de vie relatives à l'être humain. Elle a toutes les réponses aux questions que peuvent se poser les hommes. Elle n'est pas un simple livre qui raconte des histoires. La Bible a été écrite par des hommes certes, mais sous l'inspiration de Dieu : « *Toute Écriture est inspirée de Dieu, et utile pour enseigner, pour convaincre, pour corriger, pour instruire dans la justice, afin que l'homme de Dieu soit accompli et propre à toute bonne œuvre.* » (2 Timothée 3:16). Elle est une lettre laissée par Dieu aux hommes pour répondre à leurs questions existentielles, comprendre les raisons de leur présence sur la Terre, saisir combien ils ont besoin de Lui, les pousser à chercher à découvrir qui Il est et combien son amour est infini. Elle est un message laissé à toute l'humanité, pour rappeler aux générations que les hommes ne sont pas le fruit du hasard, mais qu'ils ont été désirés par Dieu, et créés à son image et à sa ressemblance. Elle est un testament laissé par un Père à ses enfants, contenant les promesses et l'héritage qu'Il leur a légué. Elle est une porte ouverte vers l'éternité, montrant aux hommes qu'il y a une vie après la mort. Elle est une lumière qui éclaire l'esprit de l'Homme et le repositionne dans sa véritable identité. Cette Parole est vivante, elle a été faite chair, et elle a été manifestée en Jésus-Christ (Jean 1:14).

Plus vous prenez l'habitude de lire la Bible et plus les enseignements, les principes, la sagesse et les révélations viennent « mettre à jour » le logiciel de votre pensée. Ils détruisent tout ce qui vous rattachait à votre ancienne nature, et qui n'a désormais plus lieu d'être, afin de les remplacer par des pensées, des convictions et des sentiments qui correspondent désormais à votre nouvelle nature. Dès qu'une personne donne sa vie à Christ, elle devient immédiatement une nouvelle créature : « *Si quelqu'un est en Christ, il est une nouvelle créature. Les choses anciennes sont passées ; voici, toutes choses sont devenues nouvelles.* » (2 Corinthiens 5:17). Cette transformation est rendue possible grâce à la régénération instantanée de son esprit, par le Saint-Esprit. En revanche, son âme reste inchangée, ce qui explique que ses habitudes, ses pensées, ses convictions, et son comportement restent les mêmes. C'est le renouvellement de ses pensées, notamment au travers de la méditation de la Parole, de la prière, des enseignements, de la compréhension de son identité en Christ, de la communion fraternelle et de la relation qu'elle va développer avec Dieu, qui va peu à peu déconstruire son système de pensée, lequel était rattaché à son ancienne nature et l'enfermait dans le système du monde. Elle peut ensuite construire sa nouvelle identité en s'appuyant cette fois-ci sur des bases saines, c'est-à-dire des pensées, des convictions, des principes et des valeurs en lien avec le Royaume de Dieu.

Le pasteur Derek Prince est resté alité pendant un an dans les hôpitaux militaires en Égypte au cours de la Seconde Guerre mondiale, à cause d'une maladie de peau que les médecins étaient incapables de guérir. Pour bénéficier de la guérison, Dieu lui a montré un chemin se trouvant dans Proverbes 4:20-22 : « *Mon fils, sois attentif à mes paroles, incline ton oreille à mes discours. Qu'ils ne s'écartent point de tes yeux ; Garde-les dans ton cœur. Car ils sont la vie de ceux qui les trouvent, et la santé de tout le corps de chacun d'eux.* » Philosophe nouvellement converti, chaque fois qu'il entendait parler de guérison, il pensait uniquement à la guérison spirituelle, car selon lui, Dieu ne s'inquiétait pas du corps. Quand il a lu : « la santé de tout le corps », il a compris que Dieu avait pourvu à la santé pour le corps entier. Il a alors décidé de prendre la Bible comme une prescription médicale, c'est-à-dire en la lisant matin, midi et soir. En méditant ce passage, il en a tiré quatre instructions, qu'il a suivies, comme les indications que l'on peut trouver sur le flacon d'un médicament. C'est ainsi qu'après quatre mois environ, il a complètement été guéri à Khartoum, au Soudan, dans un lieu peu propice à la bonne santé et où la température avoisine souvent les cinquante degrés.

• La foi

Beaucoup de personnes pensent qu'elles peuvent atteindre le cœur de Dieu au travers de leurs œuvres. C'est d'ailleurs l'erreur que commettent la plupart des religions. Dieu est accessible uniquement par la foi, et c'est Lui-même qui vient la déposer dans les cœurs. Aucun effort humain, quel qu'il soit ne peut rendre juste un individu devant Dieu. C'est la raison pour laquelle, il était nécessaire que le Messie vienne sur la Terre, afin qu'au travers de son sacrifice à la croix, tous les hommes qui croient en Lui soient justifiés. Depuis que Jésus a dit : « Tout est accompli », il n'y a plus rien à faire, à part croire en cette promesse, pour saisir tout ce qui y est rattaché. Les croyants nés de nouveau sont héritiers de Dieu et cohéritiers avec Christ, grâce à l'œuvre de la croix (Romains 8:17), et bénéficient ainsi de toutes les bénédictions spirituelles dans les lieux célestes (Éphésiens 1:3). Toutefois, il est nécessaire de demeurer en Christ.

Jésus a dit un jour : *« Demeurez en moi, et je demeurerai en vous. Comme le sarment ne peut de lui-même porter du fruit, s'il ne demeure attaché au cep, ainsi vous ne le pouvez non plus, si vous ne demeurez en moi. »* (Jean 15:4). Aussi longtemps que la branche fait partie de l'arbre, elle peut porter du fruit. La branche n'a aucun effort à faire, si ce n'est de rester attachée à l'arbre, afin de recevoir sa vie et ainsi de porter du fruit. Les prières, les jeûnes et les sacrifices ne peuvent en aucun cas nous donner quelque chose que nous avons déjà reçu de la part de Christ, au travers de la croix. Ces actions nous permettent de fortifier notre foi, afin d'avoir une plus grande révélation de Dieu, et de nous rapprocher ainsi de Lui. Elles nous donnent également la puissance pour accomplir son œuvre, mais celle-ci ne peut être effective que s'il y a la foi.

Dans l'épître aux Hébreux au chapitre 11 et au verset 6, il est écrit : « ***Or sans la foi il est impossible de lui être agréable ;*** *car il faut que celui qui s'approche de Dieu croie que Dieu existe, et qu'il est le rémunérateur de ceux qui le cherchent.* » (Hébreu 11:6).

La foi est l'élément indispensable pour marcher dans les pas de Jésus-Christ, car c'est notre foi qui active la puissance contenue dans les Saintes Écritures. Sans la foi, la Bible reste un simple livre racontant des histoires, mais avec la foi elle prend une tout autre dimension, car elle devient la Parole authentique de Dieu. Or, la Parole de Dieu est vivante, puissante et agissante (Hébreux 4:12). Lorsque Dieu parle, ses mots produisent une action ou une réaction, car chacune de ses phrases contient la vie. C'est par la foi en la Parole de Dieu que les malades sont guéris, que les démons sont chassés, que l'impossible devient possible, et que le ciel descend sur la Terre. C'est par la foi que chacun d'entre nous est appelé à marcher ici-bas, afin que les réalités d'en-haut puissent se manifester dans notre quotidien. Connaître la Parole est une arme puissante, que craint l'ennemi de nos âmes, car lorsque nous prononçons la Parole avec foi, chacun de nos mots a le même impact que si Jésus les prononçait. C'est pourquoi la Bible nous dit la chose suivante, à propos des paroles prononcées par Dieu : « *Il en sera de même de la parole que j'ai prononcée : elle ne reviendra jamais vers moi à vide, sans avoir accompli ce que je désirais et sans avoir atteint le but que je lui ai fixé.* » (Ésaïe 55:11).

2 - Approfondir sa connaissance de Dieu

• **Développer sa communion avec Dieu**

Dieu parle au travers de sa Parole, mais il y a également d'autres moyens au travers desquels Il communique avec ses enfants. Il parle au travers des rêves, comme nous pouvons le voir dans le livre de Job :

> *« Dieu parle cependant, tantôt d'une manière, Tantôt d'une autre, et l'on n'y prend point garde. Il parle par des songes, par des visions nocturnes, Quand les hommes sont livrés à un profond sommeil, quand ils sont endormis sur leur couche. »* (Job 33:14-15).

Dieu parle également au travers de visions, c'est-à-dire que vous êtes éveillé, vos yeux peuvent être ouverts ou fermés, mais vous percevez une image ou une scène dans votre esprit. Vous pouvez penser parfois qu'il s'agit simplement de votre imagination, mais Dieu peut utiliser ce moyen pour vous transmettre un message.

En 2016, j'étais dans une église en Californie, avec un ami prophète à qui Dieu parle énormément au travers de visions. En sortant du culte, nous avons croisé un groupe de jeunes femmes. Mon ami dit à l'une d'entre elles : *« Je vois des notes de musique tout autour de toi, et je te vois jouer de la guitare ! »*. La fille est immédiatement saisie par le Saint-Esprit, et ses amies la soutiennent pour qu'elle ne tombe pas au sol. Alors que nous essayons de comprendre ce qui se passe, l'une de ses amies nous explique qu'elle est effectivement chanteuse et qu'elle joue de la guitare. Comment pouvait-il le savoir ?

Il a reçu cette information par le Saint-Esprit. Il a continué en prophétisant sur sa vie, car Dieu lui avait donné des paroles spécifiques pour cette femme. Dieu peut donc parler au travers de paroles prophétiques, en inspirant des paroles spécifiques concernant une personne.

Dieu parle également au travers des pensées, en utilisant généralement la petite voix de notre conscience. Lorsque vous n'y êtes pas habitué, il est très difficile de faire la différence entre vos propres pensées et celles qui sont inspirées par le Saint-Esprit. Mais au fil du temps, vous commencez peu à peu à les discerner. Lorsqu'une pensée vient illuminer votre esprit, vous donner une information à laquelle vous ne pensiez pas quelques minutes plus tôt, vous communiquer un conseil ou une sagesse qui est supérieur à la vôtre, vous confirmer un doute ou une certitude que vous aviez, il s'agit alors très probablement d'une pensée d'inspiration divine. Ce rôle incombe au Saint-Esprit qui, comme nous l'avons vu plus tôt, vous communique la pensée de Dieu.

Ne vous est-il jamais arrivé d'effectuer un trajet en voiture, et alors que vous tombez dans un embouteillage monstre, vous vous dites que vous n'auriez jamais dû prendre ce chemin, parce qu'une petite voix intérieure vous l'avait déconseillé ? Ou encore, vous faites la connaissance d'une personne, et pendant que la plupart des gens font son éloge, vous ne savez pas trop pourquoi, mais quelque chose vous dérange en elle. Vous vous en voulez même parfois d'avoir ce genre de pensées. Mais c'est bien plus tard, lorsqu'un incident particulier se produit, et que son vrai visage apparaît au grand jour, que vous vous rendez compte que vous aviez vu juste. Vous comprenez alors que ce pressentiment ne venait pas de vous, mais de Dieu, qui communique énormément au travers de l'intuition.

L'auteur Francis Myles[1] a expliqué lors d'une conférence à Bruxelles que beaucoup de personnes manquent la voix de Dieu, et finissent par se retrouver dans des problèmes par leur propre faute. Il a donné comme exemple un accident qui lui est arrivé alors qu'il était en Afrique du Sud pour participer à une conférence. À la fin de la journée, alors qu'il rentrait en voiture, une pensée lui a suggéré de tourner à gauche. Il ne voyait pas l'intérêt d'emprunter ce chemin, car ce détour rallongeait son trajet d'environ trente minutes. Il a poursuivi sa route, quand en arrivant à un carrefour il a été percuté de plein fouet par un camion. En sortant de la voiture, il a eu la mauvaise surprise de constater qu'elle était totalement détruite. Le véhicule n'était pas le sien, une personne le lui avait prêté, et pour aggraver le tout, le camion n'était pas assuré et le chauffeur n'avait pas de permis de conduire. Il n'y avait donc aucun moyen d'établir un constat. À ce moment-là, il a regretté amèrement de ne pas avoir écouté son intuition, car Il savait que c'est Dieu qui l'avait prévenu.

• **Les personnes qui marchent avec Dieu**

La Bible nous parle de certaines personnes qui ont eu une relation tellement privilégiée avec Dieu, que Dieu **marchait** avec elles. L'utilisation de cette formulation est très forte, car elle révèle une véritable harmonie et proximité. En effet, les Écritures nous disent à ce sujet : *« Deux hommes peuvent-ils marcher ensemble s'ils ne sont pas d'accord ? »* (Amos 3:3). Marcher aux côtés d'une personne implique que l'on avance au même rythme, que l'on va dans la même direction et que l'on est en parfait accord. Plusieurs hommes de l'Ancien Testament ont eu cette grâce de marcher avec Dieu. Qu'avaient-ils de

---

1. *« The Spirit of divine interception »*, Dr. Francis Myles, Kingdom House Publishing, 2017.

particulier par rapport à d'autres ? J'aimerais que nous puissions regarder quelques-uns d'entre eux, afin que nous saisissions que notre quête ultime doit être nous aussi de marcher avec Lui, pour nous assurer qu'Il est bel et bien à nos côtés.

• Adam et Eve

Au commencement, le Créateur avait l'habitude de descendre régulièrement dans le jardin d'Eden et de s'entretenir avec Adam et Eve. Un jour, comme à son accoutumée, Il est venu auprès d'eux, mais cette fois-ci ils se sont cachés, car ils venaient de désobéir à ses recommandations : « *Alors **ils <u>entendirent</u>** la voix de l'Éternel Dieu, qui <u>parcourait</u> le jardin vers le soir, et l'homme et sa femme se cachèrent loin de la face de l'Éternel Dieu, au milieu des arbres du jardin.* » (Genèse 3:8). La Bible d'étude Nouvelle Bible Segond fournit une information très intéressante concernant ce passage. La note de bas de page indique en effet ceci : « Le mot qui correspond à *voix* peut aussi signifier *bruit*. On peut donc également comprendre : *les bruits (des pas) du Seigneur* ». Cette remarque sous-entend que Dieu <u>marchait</u> avec Adam et Eve, jusqu'au jour où leur relation a été brisée. Nous retrouvons cette même expression : « *bruit de pas* », au sujet du roi David et de Dieu.

Un jour, alors que David s'apprêtait à combattre les Philistins, il a interrogé Dieu au préalable pour savoir s'il devait ou pas les attaquer. Dieu lui a alors répondu ainsi : « *Quand tu entendras **un <u>bruit de pas</u>** dans les cimes des mûriers, alors hâte-toi, car **c'est l'Éternel qui <u>marche</u> devant toi*** pour battre l'armée des Philistins.* » (2 Samuel 5:24). La présence de Dieu aux côtés du roi David lui garantissait à coup sûr son succès. Il est dès lors beaucoup plus facile de comprendre comment ce simple berger réussissait dans tout ce qu'il entreprenait. Pourquoi Dieu a-t-Il marché avec Adam et Eve, et David ?

Adam et Eve étaient parfaits, sans aucune faute, mais cela a malheureusement pris fin le jour où ils ont désobéi. Leur proximité avec le Créateur a cessé, à cause du péché qui est entré dans leur cœur. Le roi David, quant à lui, était très loin d'être parfait, mais la Bible nous dit qu'il était pourtant un homme selon le cœur de Dieu, car l'état de son cœur le rendait agréable aux yeux de Dieu.

• Hénoc

La Bible nous parle d'un homme du nom d'Hénoc qui a également marché avec Dieu. L'Ancien Testament ne nous donne pas vraiment d'informations à son sujet, mais ce qui attire notre attention, c'est qu'il a non seulement <u>marché</u> avec Dieu, mais qu'il a eu une destinée très particulière :

> *« Hénoc, après la naissance de Metuschélah, **marcha avec Dieu trois cents ans** ; et il engendra des fils et des filles. Tous les jours d'Hénoc furent de trois cent soixante-cinq ans. **Hénoc marcha avec Dieu** ; puis il ne fut plus, parce que Dieu le prit ».*
> (Genèse 5:22-24)

Le rédacteur de l'épître aux Hébreux nous donne un peu plus d'informations concernant cet homme mystérieux, et la raison pour laquelle Dieu l'a enlevé sans même qu'il ne voie la mort : *« C'est par la foi qu'Énoch fut enlevé pour qu'il ne vît point la mort, et qu'il ne parut plus parce Dieu l'avait enlevé ; car, avant son enlèvement, **il avait reçu le témoignage qu'il était agréable à Dieu**. »* (Hébreu 11:5). En lisant ce verset, nous voyons qu'Hénoc était tellement agréable aux yeux de

Dieu, qu'Il l'a pris avant que celui-ci n'arrive au terme de sa vie. Hénoc a marché trois cents ans avec Dieu, et a été enlevé à trois cent soixante-cinq ans. Une rapide soustraction nous permet de comprendre qu'Hénoc a commencé à marcher avec Dieu à l'âge de soixante-cinq. Durant ces soixante-cinq premières années, Hénoc a très certainement appris à connaître Dieu, et de cette amitié est né le fait qu'ils aient cheminé ensemble et que Dieu ait décidé de l'enlever.

- **Moïse**

Moïse fait lui aussi partie des hommes qui ont <u>marché</u> avec Dieu. La Bible nous relate que *« L'Éternel parlait avec Moïse face à face, comme un homme parle à son ami. »* (Exode 33:11). Quelle déclaration ! Un beau jour, Moïse a interrogé Dieu pour savoir qui allait l'accompagner pour conduire le peuple. Le dialogue qui s'en est suivi témoigne clairement de la proximité qui existait entre eux deux :

> *« L'Éternel répondit :* ***Je <u>mar-cherai</u> moi-même avec <u>toi</u>,*** *et je te donnerai du repos. Moïse lui dit :* ***Si tu ne <u>marches</u> pas toi-même avec <u>nous</u>,*** *ne nous fais point partir d'ici. Comment sera-t-il donc certain que j'ai trouvé grâce à tes yeux, moi et ton peuple ?* ***Ne sera-ce pas quand tu <u>marcheras</u> avec <u>nous</u>,*** *et quand* ***nous*** *serons distingués, moi et ton peuple, de tous les peuples qui sont sur la face de la terre ? L'Éternel dit à Moïse :* ***Je ferai ce que <u>tu</u> me demandes, car <u>tu</u> as trouvé grâce***

à mes yeux, et je te connais par ton nom. Moïse dit : Fais-moi voir ta gloire ! » (Exode 33:14-18).

Étudions ce texte un peu plus en détail pour en comprendre quelle en est la profondeur. Dieu dit à Moïse : *« Je **marcherai moi-même** avec **toi** »*. En d'autres termes, Dieu lui dit que ce n'est pas un homme qui l'accompagnera, mais Lui-même en personne. Au lieu de répondre qu'Il marchera avec le peuple, Dieu rassure Moïse en lui disant qu'Il marchera à ses côtés. Au lieu de se réjouir de cela, Moïse tente de recentrer la discussion en précisant qu'il ne s'agit pas uniquement de lui, mais également du peuple. C'est pourquoi il répond la chose suivante :*« Si tu ne **marches** pas toi-même avec **nous** »*. Alors Dieu lui répond de nouveau d'une manière étonnante : *« Je ferai ce que **tu** me demandes, car **tu** as trouvé grâce à mes yeux »*.

Nous pourrions croire au premier abord que Dieu répond complètement à côté, mais en étudiant ce passage, nous comprenons que Dieu marchait avec le peuple <u>grâce à</u> Moïse. Il est important de préciser qu'avant cette discussion, la colère de Dieu s'est enflammée contre le peuple et qu'Il voulait les détruire, parce qu'ils s'étaient fait un veau d'or pour l'adorer (Exode 32). Fort heureusement, Moïse est parvenu à apaiser la colère de Dieu. L'intimité qui existait entre Dieu et Moïse était donc l'une des raisons pour lesquelles Dieu conduisait malgré tout ce peuple. Le peuple bénéficiait de la faveur de Dieu au travers de la relation que Dieu avait avec leur chef. Lorsque Dieu dit à Moïse : *« Je ferai ce que **tu** me demandes »*, Moïse s'empresse de répondre : *« Fais-moi voir ta gloire ! »* Moïse demande l'une des choses les plus rares qui soient pour l'être humain : voir la gloire de Dieu. **Car voir la gloire de Dieu, c'est voir Dieu Lui-même.**

Ce passage nous aide à mieux comprendre pourquoi certaines personnes qui, grâce à l'intimité qu'elles ont développée avec Dieu, attirent la faveur de Dieu non seulement dans leur vie, mais également dans celle des personnes qui les entourent, sans même d'ailleurs que celles-ci s'en rendent toujours bien compte. Combien en effet se doutent que si elles sont toujours en vie c'est grâce aux prières d'un père, d'une mère, ou d'un proche qui se tenait constamment devant Dieu en leur faveur ?

La relation entre Dieu et Moïse était telle que ceux qui s'en prenaient à Moïse avaient directement affaire à Dieu. Un jour, Marie et Aaron, la sœur et le frère de Moïse ont parlé contre ce dernier, parce qu'ils lui reprochaient le fait que sa femme soit éthiopienne. En entendant leurs critiques, Dieu les a convoqués tous les deux et leur a dit :

> *« Écoutez bien ce que j'ai à vous dire. S'il se trouve parmi vous un prophète de l'Éternel, c'est dans une vision que je me révélerai à lui, ou dans un rêve que je lui parlerai. Mais les choses sont différentes avec mon serviteur Moïse, qui est fidèle dans toute ma maison.* **C'est de vive voix que je lui parle, de façon claire et non dans un langage énigmatique, et il voit l'Éternel de façon visible.** *Comment donc avez-vous osé critiquer mon serviteur Moïse ? »*
> (Nombres 12:6-8)

À la suite de ces paroles, Marie a été frappée d'une lèpre blanche, mais elle a été guérie grâce à l'intervention de Moïse qui a imploré la miséricorde de Dieu. Elle a néanmoins été obligée de rester sept jours en dehors du camp, le temps que la lèpre disparaisse totalement. Cette histoire illustre bien le fait que les intimes de Dieu ont une relation privilégiée avec Lui. Cependant, Dieu est aussi très exigeant envers celles et ceux qu'Il laisse entrer dans son cercle d'amis proches. La manière dont Moïse a terminé sa vie est significative. Il était destiné à conduire le peuple jusqu'à la terre promise et il n'a finalement pas pu y entrer. En effet, un jour, le peuple d'Israël se plaignait encore une nouvelle fois d'avoir quitté l'Égypte pour se retrouver dans le désert, parce qu'il n'avait pas d'eau pour lui et pour ses bêtes. Dieu a demandé à Moïse de le convoquer et de parler au rocher, duquel Il fera sortir de l'eau. Moïse a fait comme l'Éternel le lui avait indiqué, mais au lieu de simplement parler au rocher, il a frappé avec son bâton et a dit au peuple : *« Écoutez donc, rebelles que vous êtes ! Croyez-vous que nous pourrons faire jaillir pour vous de l'eau de ce rocher ? »* (Nombres 20:10). Moïse était tellement mécontent du comportement du peuple, qu'il s'est laissé aller à la colère. La Bible nous dit pourtant qu'il était considéré à son époque comme étant l'homme le plus patient de toute la Terre (Nombres 12:3). Mais parce qu'il n'avait pas obéi à Dieu, lui qui en était son représentant devant le peuple, Moïse a été durement puni. Ce sera finalement Josué, son fidèle serviteur, qui fera entrer le peuple dans la Terre promise à sa place.

• **Entrer dans une véritable intimité avec Dieu**

Dieu est accessible à tous les individus, et ce, de la même manière. Toutefois, ce qui permet à certains de se rapprocher au plus près de Lui et de développer une véritable proximité, est la disposition de leur cœur. Lors de son sermon sur la montagne, Jésus a dit aux personnes qui étaient présentes ce jour-là : *« Heureux ceux qui ont <u>le cœur pur</u>, car ils verront Dieu ! »* (Matthieu 5:8). La version Parole Vivante traduit ce verset de la manière suivante : « *Heureux ceux qui sont sincères et droits ; car ils verront Dieu.* » **Un cœur sincère et droit est la clé qui permet d'ouvrir la porte du cœur de Dieu, et de Le voir ainsi face à face.** L'état du cœur de l'Homme est déterminant pour entrer dans une véritable intimité avec Dieu, car Il réserve son intimité à ceux dont les dispositions de cœur lui sont agréables.

L'intimité est le plus haut niveau de relation, elle équivaut à l'amour profond qui doit normalement exister entre un mari et sa femme. Bien que la Bible dise que : « *Dieu ne fait pas de favoritisme* » (Romains 2:11), il est pourtant évident que celles et ceux qui réussissent à entrer dans la sphère de son intimité, voient une autre facette de sa personnalité à laquelle les autres n'ont pas accès. Elles ont droit à ses secrets, reçoivent la révélation de certains mystères, et sont parfois même informées des choses à venir.

Pierre, Jean et Jacques avaient une relation privilégiée avec Jésus, par rapport au reste des autres disciples. Lorsque Jaïrus, le chef de la synagogue, est allé chercher Jésus parce que sa fille était mourante, ces derniers ont été les seuls disciples que Jésus a autorisés à entrer avec lui dans la maison de Jaïrus (Luc 8:51). Lors de sa transfiguration sur la montagne, Jésus était accompagné uniquement de Pierre, Jean et Jacques (Luc 9:28). Lors d'un repas, Pierre a demandé à Jean qui était appuyé sur la poitrine de Jésus, de Lui demander qui était le traître parmi eux. Jean a posé la question à Jésus qui Lui a répondu que c'était celui à qui Il donnerait le morceau de pain (Jean 13:26), et Jésus l'a donné à Judas. Jésus a révélé à Jean qui allait Le livrer ; or il semblerait que celui-ci ne s'en soit pas vraiment rendu compte, puisqu'il n'y a eu aucune réaction de sa part, y compris après la trahison de Judas. Peu de temps avant la croix, Jésus s'est rendu dans le jardin de Gethsémané avec ses disciples, afin de s'entretenir avec son Père. Il leur a demandé de s'asseoir, puis s'est retiré à l'écart avec Pierre, Jean et Jacques (Marc 14:32). De même, Jésus a choisi plus tard l'apôtre Jean pour lui révéler le livre de l'Apocalypse, et lui annoncer les choses qui se produiront à la fin des temps (Apocalypse 1:1).

Comment marcher dans une véritable intimité avec Dieu ?

L'Histoire de l'humanité commence avec un mariage, celui d'Adam et Eve. Le mariage entre l'homme et la femme est une image de la relation qui devrait normalement exister entre Dieu et l'être humain. À partir de cette idée, j'aimerais vous donner deux clés simples qui vous aideront à développer une véritable proximité avec le Créateur.

- **<u>Première clé :</u> Focaliser son attention sur Dieu**

  Adam et Eve étaient autrefois intimes avec Dieu, Il venait leur parler vers le soir, lorsque l'agitation de la journée s'estompait. Il est important d'apprendre à s'isoler avec Dieu, loin du bruit et de la distraction, et de prendre le temps de fixer toute son attention sur Lui, afin d'apprendre à le connaître et de recevoir ses instructions pour notre vie. C'est également ainsi que nous recevons le conseil de Dieu, que nous demeurons sous son regard et que nous savons quelle direction donner à notre existence. (Psaumes 32:8)

- **<u>Seconde clé :</u> Être vrai devant Dieu**

  Au commencement, Adam et Eve étaient nus et ils n'y voyaient aucun mal. Durant cette période, leur cœur était saint, dépouillé de toute arrière-pensée.

C'est seulement après avoir désobéi qu'ils ont eu honte et qu'ils ont cherché à se cacher. La pureté de leur cœur convenait à la présence de Dieu, puisqu'Il venait les visiter le soir. Ainsi, un cœur vrai et transparent, c'est-à-dire nu devant Dieu, attire sa présence dans nos vies.

3 - Renoncer à sa vie pour suivre Christ

Jésus est *l'image du Dieu invisible* (Colossiens 1:15), *le reflet de sa gloire et l'empreinte de sa personn*e (Hébreux 1:3). Il est le seul à avoir pu déclarer au Père avec certitude : *« Je t'ai glorifié sur la terre, j'ai achevé l'œuvre que tu m'as donnée à faire. »* (Jean 17:4). Si nous voulons nous aussi glorifier Dieu, nous nous devons de découvrir ce qu'Il veut nous voir accomplir, en nous appuyant sur le modèle de vie de Jésus-Christ. **Le but ultime de chaque croyant né de nouveau devrait normalement être de chercher à ressembler à Jésus-Christ, afin de Le rendre visible sur la Terre, et qu'ainsi en Le voyant, les gens croient en Lui et en Dieu.** L'apôtre Paul a écrit aux habitants d'Éphèse en les invitant à devenir les imitateurs de Christ. Il leur a dit :

> *« **Soyez donc les imitateurs de Dieu,** puisque vous êtes ses enfants bien-aimés, et vivez dans l'amour en suivant l'exemple de Christ, qui nous a aimés et qui s'est donné lui-même pour nous comme une offrande et un sacrifice dont l'odeur est agréable à Dieu. »*
> (Éphésiens 5:1-2)

Afin d'y parvenir, il est essentiel de se rapprocher de Jésus en laissant le Saint-Esprit nous transformer à son image, et ainsi Le connaître en profondeur. En étudiant sa vie, nous pouvons en tirer des principes et des enseignements qui nous permettront à notre tour d'affecter l'environnement et l'époque dans laquelle nous vivons. Notre famille, nos amis, nos collègues et la société ont besoin de Le voir, pour croire, car si la plupart des gens ne croient pas en Dieu, c'est simplement parce qu'ils ne Le voient pas. Mais si davantage de personnes décident de renoncer à leur vie et de suivre les pas de Jésus-Christ, Il deviendra alors visible au travers d'eux, et les gens autour d'eux pourront ainsi Le voir et croire. Jésus est venu révéler le Père, mais également présenter un nouveau modèle de vie qui est accessible à tout croyant, dès lors qu'il accepte de renoncer à sa vie pour Le suivre pleinement :

> *« Si quelqu'un veut venir après moi, qu'il renonce à lui-même, qu'il se charge de sa croix, et qu'il me suive. Car celui qui voudra sauver sa vie la perdra, mais celui qui la perdra à cause de moi la trouvera. »* (Matthieu 16:24-25)

Dans la société occidentale, l'idée selon laquelle il est nécessaire de renoncer à sa vie est une notion très mal comprise, parce qu'on nous a inculqué depuis notre plus jeune âge que nous sommes maîtres de notre existence : « C'est ma vie ! », « Je suis libre ! » « Je fais ce que je veux ! ». Trois phrases que la plupart d'entre nous avons dites ou pensées au moins une fois durant notre adolescence. Pour comprendre cette notion de renoncement, il faut commencer par répondre à cette question : Suis-je vraiment maître de ma vie ?

Les personnes qui font le choix de renoncer à leur vie pour suivre Christ, sont celles qui ont pris conscience que tout ce qui dirigeait leur existence était contraire aux principes de Dieu, et par conséquent leur causait du mal. Peut-être n'étaient-elles pas forcément de mauvaises personnes, mais leur esprit ayant été éclairé par la révélation de Dieu, elles se rendent à présent compte qu'elles étaient prisonnières d'un mode de pensée et d'un style de vie, alors qu'elles pensaient être libres. Désireuses de s'affranchir de toutes les formes de captivité, elles font volontairement le choix de se détourner de ce qui les retenait loin de Dieu, parce que le Saint-Esprit leur a révélé le mystère qui se cachait derrière le fait de renoncer à leur vie pour suivre Christ. Jésus-Christ étant venu libérer les captifs (Luc 4:19), elles savent qu'elles ont accès à la liberté en Christ, dès lors qu'elles placent leur vie sous son autorité. Cela peut sembler déroutant pour nombre d'entre nous, qui avons grandi dans une culture dans laquelle on nous a expliqué que la liberté consistait à agir comme bon nous semblait. Il leur paraît inconcevable qu'une personne puisse prétendre être libre, alors qu'elle donne le contrôle de sa vie à Dieu. Cette réaction est tout à fait normale, car tant qu'elles n'ont pas reçu la révélation de l'amour de Dieu, elles ne comprennent pas qui Il est, combien Il les aime, et ce à quoi Il les a destinées. En revanche, dès lors qu'elles en ont la révélation, elles n'ont alors plus qu'une seule envie : placer elles aussi leur vie entre ses mains. Car, c'est en Lui accordant la première place, qu'elles héritent alors de toutes les promesses qu'Il a prévues pour elles.

CONSEIL N°2

Adopter les qualités qui plaisent au cœur de Dieu

Le cœur humain est le chef d'orchestre de notre organisme. Il envoie sans discontinuer une multitude d'ordres à nos différents organes, ce qui permet à notre corps de fonctionner correctement. Notre cœur spirituel est quant à lui le centre de notre vie spirituelle. Un cœur en bonne santé spirituelle se reconnaît par la paix et la joie qui en émanent, tandis qu'un cœur en mauvaise santé est bien souvent prisonnier de la peur, de la colère et de toutes sortes de sentiments négatifs. La Bible nous conseille à plusieurs reprises de veiller à prendre soin de notre cœur, comme nous le montre le verset suivant : *« Garde ton cœur plus que toute autre chose, car de lui viennent les sources de la vie. »* (Proverbes 4:23). En fonction des passages bibliques, les traducteurs ont choisi d'employer le mot « cœur » pour décrire l'esprit ou l'âme, mais d'une manière générale, le « cœur » correspond habituellement à l'esprit de l'Homme.

L'un des meilleurs moyens de veiller sur notre cœur, pour ne pas avoir de mauvaise surprise à la fin de notre course, est de développer une profonde intimité avec la personne du Saint-Esprit. En effet, l'un de ses rôles majeurs est de nous conduire dans toute la vérité (Jean 16:13). Pour ce faire, Il nous incite à méditer régulièrement la Bible, car elle nous permet de juger nos cœurs, d'examiner nos pensées et nos émotions, et ainsi de considérer ce qui est bon et ce qui est mauvais, ce qui est vrai et ce qui ne l'est pas. Regardez le travail puissant qu'opère la Parole de Dieu dans nos cœurs :

*« En effet, la parole de Dieu est vivante et efficace, plus tranchante que toute épée à deux tranchants, pénétrante jusqu'à séparer âme et esprit, jointures et moelles ; **elle juge les sentiments et <u>les pensées du cœur</u>**. Aucune créature n'est*

*cachée devant lui : **tout est nu et
découvert aux yeux de celui à qui
nous devons rendre compte**. »*
(Hébreux 4:12-13)

Le verset 13 : « ***Tout est nu et découvert aux yeux de celui
à qui nous devons rendre compte.*** », est vraiment intéressant,
car il nous montre que quand bien même nous avons une certaine attitude à l'extérieur, nos cœurs sont à nus devant Dieu,
et qu'Il nous voit tels que nous sommes réellement. C'est pourquoi Dieu a dit au travers de la bouche du prophète Jérémie :
« *Moi, l'Éternel, j'éprouve le cœur, je sonde les reins, pour
rendre à chacun selon ses voies, selon le fruit de ses œuvres.* »
(Jérémie 17:10). Le roi David, qui était un homme selon le
cœur de Dieu, avait saisi l'importance de constamment avoir
un cœur pur devant Dieu. Lorsqu'il commettait une erreur, il
demandait pardon à Dieu, afin de préserver sa relation avec
Lui, qui était plus précieuse que tout. Après avoir commis
un adultère avec Bath-Schéba, la femme d'Urie, il a écrit un
Psaume de repentance dans lequel il demande pardon pour sa
faute : « *Détourne ton regard de mes péchés, efface toutes mes
iniquités. Ô Dieu!* **<u>Crée en moi un cœur pur</u>**, *renouvelle en moi
un esprit bien disposé. Ne me rejette pas loin de ta face, Ne me
retire pas ton Esprit Saint.* » (Psaumes 51:9-11). David avait
compris que la présence du Saint-Esprit à ses côtés dépendait
grandement de l'état de son cœur. Ainsi, garder un cœur pur
et droit devant Dieu devrait être notre priorité au quotidien,
car sans cela, il nous est impossible de développer une bonne
relation avec Dieu. Mais lorsque notre cœur est pur devant
Dieu, c'est alors que sa gloire peut véritablement se manifester
dans nos vies.

La Bible dit : « *Toutes les voies de l'homme sont pures à
ses yeux ; mais celui qui pèse les esprits, c'est l'Éternel.* »
(Proverbes 16:2). Il est facile de croire que nous sommes dans

le vrai, dès lors que ce que nous voyons et comprenons est en accord avec nos convictions. Mais, la seule personne qui est véritablement légitime pour définir ce qui est vrai et ce qui est faux n'est autre que Dieu.

Dans cette deuxième partie, j'ai choisi de traiter quatre qualités essentielles qu'il est important de développer, car elles plaisent tout particulièrement au cœur de Dieu et influencent notre environnement. Il s'agit de : l'amour, l'obéissance, l'humilité et la fidélité. Il y en a bien entendu plein d'autres, qui sont tout aussi importantes, telles que : la crainte de l'Éternel, la sanctification ou le pardon.

Chapitre 1
L'amour

« Mon fils, si ton cœur est sage,
mon cœur à moi sera dans la joie. »
(Proverbes 23:15)

La société moderne aime dépeindre le Créateur comme étant un Dieu imaginaire, ou un Dieu éloigné des préoccupations des hommes, certains n'hésitant pas à lui attribuer la responsabilité de tous les maux dont ils souffrent. Cette description est bien sûr aux antipodes de la réalité, puisque Dieu est amour, et que l'Homme est au contraire au centre de toutes ses attentions. Du livre de la Genèse à l'Apocalypse, la Bible nous relate une histoire d'amour entre Dieu et sa Création, bien que celle-ci ait été constamment mise à mal par l'infidélité persistante de l'Homme, qui à maintes reprises Lui tourna le dos pour adorer des idoles et des dieux étrangers. L'un des évènements les plus marquants est certainement celui après la sortie d'Égypte, lorsque le peuple s'impatientait de voir Moïse qui tardait à revenir, parce qu'Il s'était retiré à l'écart pour dialoguer avec Dieu. Après plusieurs jours d'attente, il décida de se faire un veau d'or et de l'adorer, alors qu'il avait assisté à des miracles prodigieux, dont la séparation de la Mer Rouge en deux. Tout au long de l'Ancien Testament, nous voyons Dieu bénir le peuple d'Israël, et comment celui-ci finit par se détourner de Lui après un certain temps. Il est important de noter que tant qu'il était fidèle à Dieu, la bénédiction et la protection reposaient sur lui. En revanche, dès qu'Il se détournait de Lui pour servir et adorer d'autres dieux, Il leur accordait un temps pour revenir à Lui, mais s'il refusait, la désolation et le jugement Divin le frappaient. N'est-ce pas surprenant qu'il se détourne du Dieu vivant pour se tourner vers de simples objets faits de bois et de métal ? Regardons un verset décrivant la manière dont la Bible parle des idoles :

> *« Leurs idoles sont de l'argent et de l'or, elles sont l'ouvrage de la main des hommes. Elles ont une bouche et ne parlent point, elles ont des yeux et ne voient point, elles ont des oreilles et n'entendent point, elles ont un nez et ne sentent point, elles ont des mains et ne touchent point, Des pieds et ne marchent point, elles ne produisent aucun son dans leur gosier. Ils leur ressemblent, ceux qui les fabriquent, tous ceux qui se confient en elles. »*
> (Psaumes 115:4-8)

Dieu est un Dieu jaloux, et son amour envers l'Homme est exclusif. Il refuse de le partager avec d'autres dieux, qui sont soit des entités spirituelles démoniaques (démons), soit des objets (idoles) faits de la main de l'Homme. C'est la raison pour laquelle Il a fait cette ferme recommandation à Moïse : *« **Tu ne te prosterneras pas devant un autre dieu, car l'Éternel porte le nom de jaloux, il est un Dieu jaloux.** »* (Exode 34:14). Nous pourrions nous dire que cela est d'un autre temps, mais combien de personnes continuent d'avoir des idoles dans leur vie ? Pour certains, il peut s'agir d'objets sacrés devant lesquels ils se prosternent ou qu'ils portent en guise de talisman. Pour d'autres, il peut s'agir de leur maison, de leur toute dernière voiture, de leur argent, de leur carrière professionnelle, voire même d'une personne qui occupe la première place dans leur cœur. En effet, combien disent « adorer » leur enfant, leur conjoint, leur chanteur ou leur club préféré ? Il est normal d'éprouver un amour très fort envers un proche ou une personne que l'on admire, mais l'adoration est normalement réservée à Dieu et à Lui seul (Luc 4:8). Certains diront qu'il s'agit simplement d'une manière de parler, sans toujours se rendre compte qu'elles ont érigé ces personnes au même niveau que Dieu dans leur cœur. Rappelons-nous toujours *que c'est de l'abondance du cœur que la bouche parle* (Luc 6:45). En d'autres termes, il y a toujours une certaine vérité dans ce que l'on peut dire, même s'il s'agit parfois d'une plaisanterie.

Dieu exige de notre part que nous l'aimions totalement. Il nous aime d'un amour véritable, comme un époux aime son épouse et ne peut supporter qu'elle l'abandonne pour aimer une autre personne que lui. Ses regards sont constamment dirigés vers ses bien-aimés, et celui qui les touche, touche à la prunelle de son œil (Zacharie 2:8). Le peuple d'Israël est à l'image des hommes et des femmes qui remplissent la Terre. En effet, combien de fois avons-nous aussi tourné le dos à Dieu ? Combien de fois avons-nous laissé une personne ou une chose prendre la première place sur le trône de notre cœur ? Malgré nos nombreux manquements, Dieu reste fidèle dans son amour et continue de bénir tous les hommes, quels qu'ils soient. Comme Jésus a pu le dire lors du Sermon sur la montagne : *« Il fait lever son soleil sur les méchants et sur les bons, Il fait pleuvoir sur les justes et sur les injustes »* (Matthieu 5:45). Mais son engagement ne s'est certainement pas arrêté là, puisqu'au moment qu'Il avait déterminé d'avance, Dieu a poussé son amour à l'extrême en offrant son Fils bien-aimé en sacrifice pour le salut de l'humanité. La croix est considérée comme une folie par ceux qui ne peuvent en saisir la portée, car c'est uniquement par révélation que l'on peut appréhender la puissance de cet acte (1 Corinthiens 1:18). Seuls celles et ceux qui reçoivent la signification de la croix peuvent se rendre compte à quel point ils sont précieux aux yeux de leur Créateur.

1 - Dieu est amour

Dieu est amour. Trois mots simples, mais ô combien puissants pour décrire l'infinie grandeur de l'amour de Dieu ! Ces mots ont été écrits par l'apôtre Jean, que certains aiment surnommer « l'apôtre de l'amour » à cause de la proximité qu'il avait avec Jésus-Christ et de la révélation qu'il avait de l'amour du Père. Regardons ce qu'il a écrit au sujet de l'amour, sous l'inspiration du Saint-Esprit :

*« Bien-aimés, aimons-nous les uns les autres, car l'amour vient de Dieu, et toute personne qui aime est née de Dieu et connaît Dieu. Celui qui n'aime pas n'a pas connu Dieu, **car Dieu est amour** [agape]. Voici comment l'amour de Dieu s'est manifesté envers nous : Dieu a envoyé son Fils unique dans le monde afin que par lui nous ayons la vie. Et cet amour consiste non pas dans le fait que nous, nous avons aimé Dieu, mais dans le fait que lui nous a aimés et a envoyé son Fils comme victime expiatoire pour nos péchés. Bien-aimés, puisque Dieu nous a tant*

aimés, nous devons nous aussi nous aimer les uns les autres. Personne n'a jamais vu Dieu. Si nous nous aimons les uns les autres, Dieu demeure en nous et son amour est parfait en nous. » (1 Jean 4:7-12)

Le mot grec qui est utilisé pour « amour » est *agapè*, ce qui signifie **amour inconditionnel**. Dieu nous aime de manière inconditionnelle, et Il ne peut en être autrement parce que c'est ce qu'Il est, Il est amour. Quand nous avons besoin que notre amour soit motivé par quelque chose pour pouvoir le manifester, Dieu quant à Lui aime tout le monde invariablement, quels que soient sa couleur de peau, sa langue et son statut social. Certains ne manqueront pas de dire : « Si Dieu est amour, pourquoi la Bible parle-t-elle du Jugement dernier ? ». Durant le temps de la grâce, Dieu laisse le libre choix aux hommes et aux femmes d'accepter ou de refuser son amour. Celles et ceux qui l'acceptent et croient qu'Il l'a manifesté au travers de son Fils unique font le choix d'accueillir Jésus-Christ dans leur vie comme leur Seigneur et Sauveur personnel. L'Esprit de Dieu vient alors déposer son amour en eux, comme un sceau qui prouve sa présence, comme nous l'explique le verset suivant : *« Or, cette espérance ne trompe pas,* **parce que l'amour de Dieu est déversé dans notre cœur par le Saint-Esprit qui nous a été donné.** *»* (Romains 5:5)

Une jeune adulte me raconta un jour son témoignage et la manière dont elle a été convaincue de l'existence de Dieu. Elle était autrefois athée, du fait qu'elle avait grandi avec sa mère qui elle non plus ne croyait pas en Dieu. Un jour, alors qu'elle était seule dans son appartement, elle a simplement demandé à Dieu de se manifester à elle de façon concrète, s'Il existait vraiment. Après avoir prononcé ces simples mots, elle a senti la présence de Dieu envahir la pièce et l'amour de Dieu la submerger. Cet amour était tellement fort qu'elle ne pouvait y résister et a éclaté en sanglots pendant plusieurs bonnes minutes. Pendant qu'elle pleurait, une réconciliation prenait place en elle, entre elle et son Créateur. Elle a reçu ce jour-là la certitude de l'existence de Dieu et de son amour pour elle. Il est intéressant de remarquer qu'aucune personne n'est intervenue dans cette rencontre, mais que sa recherche de vérité l'a conduite jusqu'au Créateur. Ce témoignage rappelle le fait que Dieu se laisse trouver par ceux qui Le cherchent (Jérémie 29:14).

Au commencement, Adam et Ève avaient eux aussi cet amour inconditionnel, mais il a été malheureusement corrompu par le péché. À compter de ce jour, notre amour est devenu purement sélectif. Désormais, nous choisissons d'aimer nos familles, nos proches, ou les personnes avec lesquelles nous avons une certaine attirance physique, des affinités ou des centres d'intérêts communs. L'amour est le socle commun sur lequel repose toute l'humanité, et si celui-ci venait à totalement disparaître un jour, il n'aurait pour autre conséquence que la destruction totale de la société. **L'être humain a besoin d'aimer et de se sentir aimé pour exister et être pleinement vivant.** La dégradation des relations familiales, l'atmosphère de défiance qui règne au sein de certaines grandes métropoles, les incivilités et les actes de violence dont la rubrique des faits divers fait régulièrement état chaque jour, n'ont d'autres raisons que la dissolution de cet amour. Mais est-ce si surprenant que cela finalement, dans un monde de plus en plus individualiste ? Jésus a prévenu ses disciples que dans les derniers jours, *l'amour du plus grand nombre se refroidira à cause de la progression du mal* (Matthieu 24:12). L'amour de Dieu est l'unique ingrédient capable de réconcilier les hommes et les femmes entre eux, et avec Lui. Toute personne qui souhaite être remplie de cet amour doit venir s'abreuver à la Source qui n'est autre que Dieu Lui-même.

2 - La loi royale de l'amour

Après quatre cent trente ans d'esclavage en Égypte, Dieu a donné différents commandements au peuple d'Israël, afin qu'ils s'affranchissent des mauvaises coutumes qu'ils avaient adoptées pendant leur servitude, et qu'ils réajustent leurs pensées sur les siennes, pour désormais se comporter et penser comme un peuple libre. Selon la tradition rabbinique, la loi juive compte six cent treize commandements. Autant vous dire que très peu de personnes les connaissent dans leur ensemble, et encore moins sont capables de les respecter dans leur intégralité. Le niveau d'exigence est tel, que le fait de pécher contre un seul de ces commandements revient à pécher contre la totalité de la loi (Jacques 2:10). L'ensemble de ces lois peut néanmoins se résumer en un seul commandement : *« Tu aimeras ton prochain comme toi-même. »* (Romains 13:9). La Bible appelle cette prescription la loi royale, comme nous pouvons le voir dans ce verset : *« Si vous accomplissez la loi royale, selon l'Écriture : Tu aimeras ton prochain comme toi-même, vous faites bien. »* (Jacques 2:8). Jésus est la seule personne qui soit parvenue à accomplir parfaitement l'ensemble des lois, parce qu'aucune faute ne fut trouvée en Lui. L'homme et la femme qui décident d'aimer l'autre comme eux-mêmes, refusent de lui faire du mal, et en agissant ainsi, accomplissent d'une certaine manière toute la loi. Les lois d'un État servent à nous protéger et à protéger les autres, mais si chaque personne décide de faire le bien, elles deviennent finalement inutiles. Si chacun choisit l'amour au lieu du mal, la violence et les crimes n'auront plus lieu d'être, et la société en sera alors profondément transformée. Il ne s'agit bien entendu pas de n'importe quel amour, mais plus précisément de l'amour agapè, c'est-à-dire de l'amour inconditionnel qui ne se soucie pas des apparences et ne vise pas son propre intérêt, mais recherche plutôt celui des autres avant tout. Les critères culturels qui nous font habituellement apprécier une personne, en fonction de ce que nous aimons, n'ont finalement plus de raison d'être. Car plus une personne est remplie de l'amour de Dieu, plus le regard qu'elle porte sur les autres change, parce qu'elle les voit désormais comme Dieu les voit. De même, les personnes qui l'entourent peuvent elles aussi ressentir l'amour de Dieu qui émane fortement au travers d'elle. Le désir de Dieu est de répandre son amour sur la Terre, et ce au travers de ses enfants. L'amour devrait normalement être le signe qu'un homme ou une femme appartient à Dieu. Cela n'est malheureusement pas toujours le cas, c'est d'ailleurs parfois même tout le contraire. Quelle peut bien en être la raison ? L'amour de Dieu n'a pas réussi à pénétrer les cœurs.

3 - L'amour : unique prérogative pour être agréable à Dieu

Les disciples demandèrent un jour à Jésus de leur apprendre à prier. Il leur enseigna comment prier, en commençant par les deux versets suivants : *« Notre Père qui es aux cieux ! Que ton nom soit sanctifié ; **que ton règne vienne** ; que ta volonté soit faite sur la terre comme au ciel. »* (Matthieu 6:9-10). J'aimerais attirer tout particulièrement votre attention sur la phrase suivante : *« **que ton règne vienne** »*. **Dieu a un Royaume dont Il a établi son Fils Jésus-Christ comme étant le Roi.** Tout royaume est régi par des lois, et la loi principale du Royaume de Dieu n'est autre que celle de l'amour. Dieu envoya son Fils sur la Terre par amour, Jésus offrit sa vie par amour, et le Saint-Esprit choisit de faire sa demeure dans les croyants nés de nouveau par amour, afin qu'ils ne soient pas seuls. L'amour est le fondement du Royaume de Dieu, et chaque chrétien né de nouveau doit normalement être reconnu par l'amour qu'il manifeste autour de lui. Notre amour étant imparfait, le Saint-Esprit est venu déverser l'amour parfait de Dieu en nous. Cet amour nous permet de L'aimer Lui, d'aimer les autres, mais également nous-mêmes, car beaucoup ne s'aiment pas. La présence du Saint-Esprit doit normalement être rendue visible au travers de notre attitude, par ce que la Bible appelle : le fruit de l'Esprit. Le fruit de l'Esprit n'est autre que le caractère de Christ. L'apôtre Paul le présente dans le livre de Galates : *« Mais le fruit de l'Esprit, c'est **l'amour, la joie, la paix, la patience, la bonté, la bénignité, la fidélité, la douceur, la tempérance.** »* (Galates 5:22-23). Vous aurez constaté que parmi ces neuf caractéristiques, le tout premier attribut que présente Paul est l'amour. Ce n'est pas une coïncidence qu'il ait choisi de le citer en premier, car si nous regardons attentivement chacun d'entre eux, nous voyons qu'ils découlent tous de l'amour. Imaginez par exemple un arbre ; le tronc et ses racines représentent l'amour et ses branches les vertus qui émanent de cet amour. Regardons ensemble, Parole à l'appui.

- **La joie :** *« (...) Rendez ma joie parfaite, ayant un même sentiment, **un même amour**, une même âme, une même pensée. »* (Philippiens 2:2)

- **La paix :** *« La crainte n'est pas dans l'amour, mais **l'amour parfait bannit la crainte** ; car la crainte suppose un châtiment, et celui qui craint n'est pas parfait dans l'amour. »* (1 Jean 4:18)

- **La patience :** *« Soyez toujours humbles, doux et patients. **Supportez-vous les uns les autres avec amour.** »* (Éphésiens 4:2)

- **La bonté :** *« De loin l'Éternel se montre à moi : **Je t'aime d'un amour éternel ; c'est pourquoi je te conserve ma bonté.** »* (Jérémie 31:3)

- **La bénignité (la bienveillance)** : « *Par amour fraternel, soyez pleins d'affection les uns pour les autres* ; *par honneur, usez de prévenances réciproques.* » (Romains 12:10)

- **La fidélité** : « *Quand les montagnes s'éloigneraient, quand les collines chancelleraient,* **mon amour ne s'éloignera point de toi***, et mon alliance de paix ne chancellera point, dit l'Éternel, qui a compassion de toi.* » (Ésaïe 54:10)

- **La douceur** : « *Je vous encourage donc, moi, le prisonnier dans le Seigneur, à vous conduire d'une manière digne de l'appel que vous avez reçu. En toute humilité et douceur, avec patience,* **supportez-vous les uns les autres dans l'amour.** » (Éphésiens 4:1-2)

- **La tempérance (la maîtrise de soi)** : « *Car l'Esprit que Dieu nous a donné ne nous rend pas timides ; au contraire,* **cet Esprit nous remplit de force, d'amour et de maîtrise de soi.** » (2 Timothée 1:7)

- **Veiller à ne pas laisser les œuvres de Dieu prendre sa place**

Juste avant d'aller au ciel, Jésus recommanda à ses disciples de rester à Jérusalem jusqu'à ce qu'Ils reçoivent la puissance d'en haut, c'est-à-dire le Saint-Esprit. Tout chrétien né de nouveau doit aspirer au baptême du Saint-Esprit, car il lui confère les dons et la puissance dont il a besoin pour manifester pleinement le Royaume de Dieu sur la Terre et rendre ainsi Christ visible à nos contemporains. Toutefois, il est important de veiller sur son cœur, afin de ne pas se laisser emporter par l'activisme. En effet, il est important de bien faire la distinction entre d'une part notre relation avec Dieu, et d'autre part nos actions qui contribuent à l'avancement de son œuvre. Beaucoup de chrétiens se livrent corps et âme dans leur service pour Dieu, et y consacrent énormément de temps, aux dépens bien souvent de leur relation et de leur intimité avec Lui. Ils n'y voient pas forcément d'inconvénients, parce qu'ils sont persuadés que leur travail est une preuve de leur amour pour Dieu. Ils sont tellement absorbés par toutes sortes d'activités qu'ils ne pensent même pas à prendre du temps pour se poser et réfléchir. Ils continuent ainsi, sans se rendre compte qu'au bout d'un certain temps, Dieu n'est plus à leur côté. Leurs œuvres ont pris la première place sur le trône de leur cœur, et ont discrètement éjecté Dieu de son siège. Un coup d'État silencieux a pris place dans leur cœur, dans lequel le Roi a été remplacé par un autre roi : les œuvres.

Ce changement de pouvoir ne tardera pas à amener un refroidissement spirituel, même si beaucoup ne s'en aperçoivent pas immédiatement. Parce qu'ils sont persuadés que Dieu est toujours avec eux, du fait qu'ils continuent de manifester les dons. Les personnes qui sont à l'écoute du Saint-Esprit ne tarderont pas à s'en apercevoir et à corriger le tir, mais les autres peuvent s'éloigner de Dieu sans même s'en rendre compte, bien qu'elles continuent de manifester des signes et des prodiges. Une personne dont le système de pensée n'a pas été renouvelé peut facilement se laisser emporter par les félicitations, les sollicitudes et la notoriété qui viennent flatter son ego. Elle se complaît dans une reconnaissance, et une estime de soi valorisée par le fait qu'elle attire les regards sur elle, au lieu de Dieu. Il est important de veiller sur son cœur, car il est très facile de se laisser emporter. C'est la raison pour laquelle Dieu peut permettre que nous passions par une période de « brisement », afin de mettre en lumière les défauts de notre caractère tels que l'orgueil, la jalousie, la critique, la complainte ou le manque d'amour. En effet, ils peuvent devenir une occasion de chute bien plus tard, s'ils ne sont pas traités suffisamment tôt. Combien ont bien commencé avant que le succès ou les activités ne les éloignent de Dieu ? Certaines personnes avouent même avoir perdu leur premier amour, et remercient Dieu de les avoir reprises au bon moment, car elles savent qu'elles auraient eu une très mauvaise surprise une fois qu'elles se seraient retrouvées devant Lui.

En avril 2016, j'ai assisté à une conférence prophétique dans la ville de Lancaster, aux États-Unis. L'un des intervenants, un prophète mondialement connu qui voyageait partout dans le monde pour servir Dieu, reconnut qu'à un moment donné de son ministère il avait totalement perdu son premier amour pour Dieu. Il était tellement absorbé par le service que son amour pour Dieu avait fini peu à peu par s'étioler, sans même qu'il en prenne conscience. Il expliqua à quel point l'amour est primordial, notamment dans le ministère prophétique, car un prophète ou une prophétesse est un canal au travers duquel Dieu libère sa parole. Or, un homme et une femme de Dieu qui manquent d'amour peuvent corrompre le message qu'ils doivent délivrer, en jugeant et en blessant la personne à laquelle ils s'adressent. Dieu étant amour, une personne qui parle en son Nom doit manifester l'amour dans le message qu'elle délivre, sauf si bien entendu le Saint-Esprit lui a expressément demandé de faire autrement. Il illustra ses propos en donnant le témoignage de Bob Jones, un prophète lui aussi mondialement connu qui avait vécu une expérience surnaturelle. Alors qu'il était mourant, il fut ravi au ciel et il vit Jésus face à face. Il expliqua que la seule question que Jésus lui posa lorsqu'il se retrouva face à Lui était : « As-tu appris à aimer ? ». Lorsqu'il se rendit compte qu'il n'avait pas su aimer, Jésus le renvoya sur la

Terre[1]. Il sortit de son coma subitement, et comprit ce jour-là que, bien qu'il fût connu des hommes, il devait avant tout être connu de Dieu, et que le seul moyen était d'aimer les autres comme Lui les aime.

Il est capital de bien faire la distinction entre les œuvres, et ce qui les motive. L'amour est l'unique prérogative pour être agréable à Dieu, et nos actions seront jugées en fonction des intentions de notre cœur, selon qu'elles sont poussées par l'amour ou par notre intérêt personnel. Encore une fois, Dieu n'est pas impressionné par la grandeur de nos actions, la taille de notre ministère, le nombre de nos œuvres, ni même par notre titre dans l'Église. Dieu s'intéresse essentiellement à l'état de notre cœur et à notre capacité à démontrer son amour, car c'est ainsi que nos contemporains verront que nous sommes de Lui. Jésus a Lui-même mis en garde contre le fait de ne pas se tromper d'objectif. Il a dit à ce sujet :

> *« Ceux qui me disent : Seigneur, Seigneur ! N'entreront pas tous dans le royaume des cieux, mais celui-là seul qui fait la volonté de mon Père qui est dans les cieux. Plusieurs me diront en ce jour-là : Seigneur, Seigneur, n'avons-nous pas prophétisé par ton nom ? N'avons-nous pas chassé des démons par ton nom ? Et n'avons-nous pas fait beaucoup de miracles par ton nom ? Alors je leur dirai ouvertement : Je ne vous ai jamais*

---

1. Témoignage de Bob Jones, "Bob Jones died- God sent him back from heaven's door" : https://www.youtube.com/watch?v=3MRJ3wA5neU.

connus, retirez-vous de moi,
vous qui commettez l'iniquité. »
(Matthieu 7:21-23)

J'aimerais tout particulièrement attirer votre attention sur la phrase : « **Je ne vous ai jamais connus** ». À chaque fois que cette expression est utilisée dans la Bible, elle sert généralement à décrire l'intimité qui existe entre deux époux, c'est-à-dire l'acte sexuel. En voici quelques exemples :

« Adam connut Eve, sa femme ;
elle conçut, et enfanta Caïn et elle
dit : J'ai formé un homme avec
l'aide de l'Éternel. » (Genèse 4:1)

« Caïn connut sa femme ; elle
conçut, et enfanta Hénoc. Il bâtit
ensuite une ville, et il donna à cette
ville le nom de son fils Hénoc. »
(Genèse 4:17)

« Elkana connut Anne, sa
femme, et l'Éternel se souvint
d'elle. » (1 Samuel 1:19)

Jésus fait délibérément le choix d'utiliser cette expression : « **Je ne vous ai jamais connus** », pour spécifier qu'Il n'a aucune relation, aucune intimité avec ces personnes. Ce passage m'a toujours interpellé, parce que je me suis toujours demandé comment il était possible que des personnes qui manifestent clairement la puissance de Dieu puissent finalement être disqualifiées, car c'est bien de cela qu'il s'agit ici. La Bible nous enseigne que Dieu ne se repent pas de ses dons (Romains 11:29). Par conséquent, une personne peut très bien avoir commencé avec Dieu et avoir été sincère dans son engagement, et finir malheureusement par s'écarter de Lui, bien que les dons continuent de fonctionner. C'est la raison pour laquelle Jésus met l'emphase sur le fait que l'on reconnaît un arbre à ses fruits. Une personne remplie du Saint-Esprit manifestera le fruit de l'Esprit, tandis qu'une personne qui s'est éloignée de Dieu pourra très difficilement dissimuler son vrai caractère. Certaines personnes y arrivent un certain temps, mais il suffit d'un évènement particulier pour que le masque tombe, et que leur vrai fond apparaisse au grand jour. Elles ont beau avoir la bouche remplie de belles phrases et parfois même de beaux versets, leur comportement est en décalage total avec le fait de manifester le caractère de Christ. Elles portent du fruit certes, mais celui-ci est recouvert d'épines et a un goût très amer, notamment pour leur entourage. À l'inverse, un homme et une femme dont le cœur est irradié par l'amour de Dieu transmettent la vie de Dieu autour d'eux, à chaque fois qu'ils communiquent.

4 - L'amour parfait de Dieu

Dans sa première lettre aux Corinthiens, l'apôtre Paul présente les différents dons spirituels et explique leur utilité dans les chapitres 12 et 14. Il conclut le chapitre 12 par cette dernière phrase : *« Aspirez aux dons les meilleurs. **Et je vais encore vous montrer une voie par excellence.** »* (1 Corinthiens 12:31). Ce verset permet d'introduire le chapitre 13, en préparant les croyants de Corinthe à recevoir une révélation qui surpasse tout ce qu'il a bien pu leur enseigner auparavant. Au chapitre 13, il aborde exclusivement le sujet de l'amour et la définition qu'il en donne est tout simplement extraordinaire. Pourquoi Paul a-t-il fait le choix de parler de l'amour au beau milieu de sa description sur les dons spirituels ? Il voulait mettre en évidence que les dons spirituels n'ont strictement aucune valeur sans l'amour. **L'amour est le coefficient multiplicateur qui détermine la valeur réelle de nos actes aux yeux de Dieu, et sans amour toutes nos actions sont égales à zéro.** L'amour est la substance divine qui donne une dimension surnaturelle à des gestes aussi simples qu'un sourire, qu'une poignée de main, qu'une accolade ou qu'un coup de pouce. Dieu étant amour, plus une personne passe du temps dans sa présence, et plus sa gloire ne peut que resplendir au travers d'elle. Cette personne fascine et attire les gens autour d'elle, à cause de l'amour qu'elle porte et qui change l'environnement dans lequel elle se trouve.

Regardons la définition de l'amour, telle que présentée dans 1 Corinthiens 13, et le niveau d'exigence demandé pour toute personne qui souhaite le manifester.

> *« Si je parle les langues des hommes, et même celles des anges, mais que je n'ai pas l'amour, je suis un cuivre qui résonne ou une cymbale qui retentit. Si j'ai le don de prophétie, la compréhension de tous les mystères et toute la connaissance, si j'ai même toute la foi jusqu'à transporter des montagnes, mais que je n'ai pas l'amour, je ne suis rien. Et si je distribue tous mes biens aux pauvres, si même je livre mon corps aux flammes, mais que je n'ai pas l'amour, cela ne me sert à rien.*

<blockquote>

L'amour est patient, il est plein de bonté ; l'amour n'est pas envieux ; l'amour ne se vante pas, il ne s'enfle pas d'orgueil, il ne fait rien de malhonnête, il ne cherche pas son intérêt, il ne s'irrite pas, il ne soupçonne pas le mal, il ne se réjouit pas de l'injustice, mais il se réjouit de la vérité ; il pardonne tout, il croit tout, il espère tout, il supporte tout. L'amour ne meurt jamais. Les prophéties disparaîtront, les langues cesseront, la connaissance disparaîtra. »*
(1 Corinthiens 13:1-8)

</blockquote>

Cette définition ne peut laisser personne indifférent, tant les standards sont élevés. Elle nous interpelle tous, croyants comme non-croyants, parce qu'elle nous pousse à nous interroger sur notre propre amour. L'amour tel qu'il est présenté dans ce passage, surpasse de loin l'amour qui peut exister entre un homme et une femme, ou entre un parent et son enfant. C'est un amour absolu et sans limites que Dieu souhaite déverser en chaque individu, afin que l'être humain se rende compte à quel point Il l'aime. C'est ce même amour que Jésus-Christ a manifesté sur la Terre, et ce jusqu'à la croix. Alors qu'Il était cloué au bois, suspendu entre le ciel et la terre, et que les gens l'insultaient et le provoquaient en lui demandant de se libérer s'Il était vraiment le Fils de Dieu, Il a continué malgré tout à demeurer dans l'amour, en demandant à son Père de les pardonner, parce qu'ils ne savaient pas ce qu'ils faisaient (Luc 23:24). Cet amour est surnaturel, il dépasse toute compréhension humaine, il s'agit de l'amour de Dieu. Toute personne née de nouveau reçoit cet amour lorsque le Saint-Esprit vient faire sa demeure en elle, et le rôle de chacun consiste non seulement à l'entretenir, mais également à le développer afin de le manifester pleinement autour de soi. L'amour de Dieu est suffisamment puissant pour restaurer l'âme, guérir les cœurs brisés, changer le caractère et redonner vie à tout ce qui était mort en nous.

Chapitre 2
L'obéissance

*« Car, quiconque fait la volonté
de Dieu, celui-là est mon frère, ma
sœur, et ma mère. »* (Marc 3:35)

L'une des caractéristiques que Dieu recherche le plus chez un homme et une femme est son obéissance. Le mot obéissance est très souvent mal compris, notamment par un certain nombre de personnes qui le voient davantage comme une contrainte que comme quelque chose qui peut leur être bénéfique. Pourtant, tout le monde reconnaîtra que pour que la vie en communauté soit possible, il est nécessaire que les citoyens respectent les lois du pays dans lequel ils vivent, ainsi que les devoirs qui sont les leurs. L'obéissance à ces règles permet ainsi à chacun d'entre nous de vivre librement, et également d'être en harmonie les uns avec les autres. D'où peut donc bien venir cette mauvaise conception ? Elle remonte pour certains à notre adolescence, lorsque nous étions obligés d'obéir à nos parents, à un professeur ou à un adulte, quand bien même nous n'en avions pas forcément envie. En pleine découverte du monde qui nous entoure, des paroles telles que : « Fais attention ! », « Ne fais pas ça ! », « Ne touche pas ! », « Tiens-toi correctement ! », « Regarde devant toi ! », « Range ta chambre ! », ont permis de nous donner un cadre et ainsi de définir nos limites. Si nous les considérions à l'époque comme des *freins à notre liberté*, elles se sont avérées avec le temps comme des fondements sur lesquels nous nous sommes appuyés pour grandir et devenir aujourd'hui les personnes que nous sommes. Un homme a dit un jour : « Je regrette que mes parents aient été beaucoup trop cools avec moi, car s'ils avaient été un peu plus sévères, cela m'aurait évité de faire de nombreuses erreurs. ». Il reconnaissait que le manque de cadre et de limites lui avait causé beaucoup de problèmes à l'âge adulte. Certains diront que c'est au travers des expériences de la vie que l'on apprend à devenir soi, et cela est vrai. Mais d'autres diront qu'un meilleur cadre durant leur enfance, leur aurait tout de même permis de commettre moins d'erreurs et de faire moins de mal autour d'eux.

Alors, qu'est-ce que l'obéissance exactement ? L'obéissance consiste à se soumettre à la volonté de quelqu'un, à respecter une loi ou un règlement. L'ordre provenant toujours d'une personne ou d'une entité, le plus important n'est donc pas tant l'obligation en elle-même, mais plutôt la personne ou le groupe qui nous la donne, selon que ses intentions à notre égard sont bonnes ou mauvaises. **La valeur d'un ordre ou d'une loi dépend de la personne ou de l'entité qui en sont à l'origine, selon qu'elle recherche en tout premier lieu son intérêt personnel ou le nôtre.** Ainsi, notre obéissance repose sur deux choses : le premier élément est le donneur d'ordre et le second est l'ordre en lui-même. Le premier dépend de la confiance que nous avons envers la personne ou l'entité qui nous demande d'obéir, et le second est directement lié aux intentions du donneur d'ordre à notre égard.

Je suis certain que vous admettrez qu'il est beaucoup plus facile d'obéir à une personne dont nous savons qu'elle nous veut du bien, et que le contraire nous est plus compliqué. Aussi longtemps que ce rapport de confiance n'est pas établi, obéir reste quelque chose de très difficile, tant pour les enfants que pour les adultes, car l'être humain n'aime pas la soumission. Lorsque la confiance est établie, obéir n'est finalement plus qu'un détail, car quand bien même cela peut nous coûter, nous savons que les intentions à notre égard sont les bonnes. **L'obéissance n'est alors plus considérée comme un simple acte, mais aussi comme une implication du cœur, ce qui nous pousse à vouloir faire plaisir à l'autre.** La personne qui obéit n'a plus le sentiment d'être lésée ou inférieure, car une relation gagnant-gagnant prend alors place.

Sur le plan spirituel, l'obéissance est le pont entre Dieu et l'Homme. Elle est le point d'entrée permettant d'établir une relation authentique avec Lui. L'obéissance à Dieu est l'un, sinon LE prérequis pour qu'une relation véritable puisse s'établir entre Lui et les êtres humains. Celle-ci revêt un caractère tellement important à ses yeux, qu'il suffit d'une seule faute de la part d'Adam et Ève pour que l'intimité qu'ils avaient tissée prenne fin. Cette décision peut paraître dure au premier abord, mais il est important de souligner qu'en désobéissant à Dieu, Adam et Ève préférèrent suivre leur volonté, plutôt que celle de Dieu. Leur geste sous-entend qu'ils estimaient leur volonté meilleure que la Sienne, et c'est précisément à ce niveau-là qu'ils commirent une erreur. En effet, leur faute ne résidait pas seulement dans l'infraction à l'ordre divin, mais plutôt dans le fait d'avoir remis en question la volonté de son Auteur, Lequel ne leur voulait que du bien. Toute personne qui est persuadée que sa volonté est meilleure que celle de Dieu est malheureusement dans l'erreur, car de même que des parents désirent ce qu'il y a de mieux pour leur enfant, Dieu souhaite également le meilleur pour chaque être humain. En rejetant son ordre, Adam et Ève acceptaient de croire qu'Il ait pu leur mentir, et ainsi chercher à les défavoriser. À compter de ce jour, le cœur de l'Homme fut totalement corrompu par le péché.

L'obéissance à Dieu n'est en aucun cas une privation de liberté comme beaucoup le pensent, mais elle est en réalité le moyen de toucher son cœur et ainsi de jouir de son amour, de sa paix, de sa joie, ainsi que de ses nombreuses autres bénédictions. Toute personne qui saisit cela aura tendance à obéir naturellement à Dieu, car elle sait qu'Il désire ce qu'Il y a de mieux pour sa vie. Regardons cinq avantages que nous procure l'obéissance à Dieu.

1 - Notre obéissance rend gloire à Dieu

Dieu n'est nullement impressionné par le talent d'une personne, parce qu'Il en est le Donateur. De même, Il n'est pas plus impressionné par ses accomplissements, aussi importants soient-ils, parce qu'ils ne sont finalement que la matérialisation d'une idée ou d'un rêve, qui a été rendue possible grâce au talent qu'Il lui a Lui-même confié. Les personnes qui réussissent dans la vie ont simplement découvert le talent que Dieu leur a donné et se sont attachées à le développer. Cela ne remet pas en question le fait qu'il ait fallu travailler dur pour y parvenir, ou pour certaines d'entre elles surmonter un bon nombre de difficultés, mais il est important de toujours se rappeler que c'est Dieu qui donne la capacité aux hommes. Cette prise de conscience doit nous amener à nous interroger quant à l'utilisation de nos dons et de nos talents. Qu'en faisons-nous ? Est-ce que nous les utilisons pour faire Sa volonté ou bien la nôtre ? L'apôtre Paul a écrit : *« En effet, qui te rend supérieur aux autres ? Tout ce que tu as, c'est Dieu qui te l'a donné, n'est-ce pas ? Et si tu l'as reçu, pourquoi te vanter, comme si tu ne l'avais pas reçu ? »* (1 Corinthiens 4:7). Alors que certains frères et sœurs de l'église de Corinthe se revendiquaient d'être des disciples de l'apôtre Paul et d'autres d'Apollos, Paul leur rappelait qu'ils n'étaient tous les deux que de simples ouvriers de Dieu, des administrateurs des mystères et des dons que Dieu leur avait confiés. Bien que les Corinthiens aient été bénis par leur entremise, ils ne devaient pas oublier que toute la gloire devait être rendue à Dieu, et non à Paul et Apollos. Ce rappel nous permet de toujours garder à l'esprit *que toute grâce excellente et tout don parfait descendent d'en haut* (Jacques 1:17). L'élément important dont il faut tenir compte est donc la manière dont nous utilisons le talent qui nous a été confié. Une personne dont la préoccupation première est de plaire à Dieu fera tout son possible pour connaître Sa volonté. Une fois qu'elle l'a découverte, elle cherchera le moyen de l'accomplir, en mettant en action son talent et en y associant bien entendu le Saint-Esprit, car aucune œuvre provenant de Dieu ne peut être réalisée sans sa participation.

La plupart des personnes s'intéressent uniquement aux actions réalisées, c'est-à-dire à ce qui est visible, mais Dieu ne se contente pas uniquement de cela. Il plonge ses regards dans le cœur de l'Homme, afin de le sonder et de connaître quelles sont ses véritables motivations. Éprouver les sentiments du cœur Lui permet de déterminer la valeur authentique d'un acte, car pour qu'un accomplissement ait une réelle importance à ses yeux, il faut avant tout qu'il ait été motivé par l'amour. L'amour envers Lui premièrement, puis l'amour envers l'autre, nos considérations personnelles n'arrivant finalement qu'en troisième position. Ne pensons surtout pas que nous sommes perdants en laissant passer nos intérêts personnels après celui des autres, car notre véritable satisfaction se trouve dans le fait d'avoir accompli la volonté de Dieu et d'en observer les bénéfices dans la vie des autres.

De même que le sel permet à la nourriture d'avoir du goût, l'amour est l'ingrédient essentiel pour que nos actions aient une portée à la fois dans le monde naturel et dans le monde spirituel. Lorsque nous saisissons cela, notre façon d'agir change et notre désir est d'aligner notre volonté, nos talents et notre cœur sur sa volonté, ce qui nous rapproche peu à peu de sa perfection. Cette révélation produit en nous un fort sentiment d'humilité, car nous nous rendons compte que Dieu ne regarde pas la « grandeur » de nos actions (dont l'appréciation est la plupart du temps subjective), ni les coûts financiers, ou même le travail que cela a demandé. Dieu s'intéresse avant tout aux motivations de notre cœur, car tout ce qu'Il nous demande est bien souvent un moyen de tester notre obéissance et, au travers de cela, de nous transformer progressivement à son image.

2 - Notre obéissance nous garantit de marcher dans les plans de Dieu

Dieu a des projets pour chaque être humain. Tel un bon père, Il désire le meilleur pour chacun d'entre nous, comme nous le montre si bien ce verset : *« En effet, moi, je connais les projets que je forme pour vous, déclare l'Éternel, projets de paix et non de malheur, afin de vous donner un avenir et de l'espérance. »* (Jérémie 29:11). L'obéissance à sa volonté nous assure de marcher dans les projets qu'Il a préparés pour chacun de nous et de jouir ainsi de ses nombreuses bénédictions. Dieu connaît la fin de notre histoire avant même que nous ayons commencé à l'écrire. L'obéissance nous permet d'emprunter le chemin qu'Il a tracé pour nous et d'avancer pas à pas. Cela ne veut pas dire que notre vie sera un long fleuve tranquille, mais nous avons la certitude que les difficultés et/ou les évènements par lesquels nous passerons sont sous contrôle. En effet, la Bible déclare la chose suivante : *« Nous savons, du reste, que toutes choses concourent au bien de ceux qui aiment Dieu, de ceux qui sont appelés selon son dessein. »* (Romains 8:28). Il est important de bien comprendre le sens de ce verset, sinon nous risquons de commettre l'erreur de faire tout ce qui nous passe par la tête, et de croire que Dieu arrangera toutes les situations en notre faveur. Il est bien écrit : *« toutes choses concourent au bien **de ceux qui aiment Dieu** »*. La question intéressante à se poser est finalement : à quoi reconnaît-on une personne qui aime véritablement Dieu ? La réponse est donnée par Jésus Lui-même dans le livre de Jean, lorsqu'Il dit à ses disciples : ***« Celui qui a mes commandements et qui les garde, c'est celui qui m'aime** ; et celui qui m'aime sera aimé de mon Père, je l'aimerai, et je me ferai connaître à lui. »* (Jean 14:21). En d'autres termes, si je paraphrase : « Celui qui connaît ma volonté et qui s'y soumet, c'est celui qui m'aime ». Nous voyons au travers de ces deux versets que non seulement notre obéissance est une preuve de notre amour envers Lui, mais qu'elle nous garantit également que, quelles que soient les situations de la vie auxquelles nous faisons face, elles finiront par tourner en notre faveur.

En 2016, j'étais à Los Angeles, avec Pascal un ami, pour assister à *Azusa Now*, un grand rassemblement au Memorial Coliseum. Soixante mille personnes s'étaient réunies pour fêter l'anniversaire des cent dix ans du réveil d'Azusa Street, qui eut lieu en 1906 à Los Angeles. Après l'évènement, nous devions nous rendre à Philadelphie pour une conférence. En arrivant à l'aéroport, nous eûmes la mauvaise surprise d'apprendre que notre vol était annulé, et qu'il était reporté au lendemain. Alors que j'étais en train de me plaindre, Pascal me dit simplement : *« Toutes choses concourent au bien de ceux qui aiment Dieu. God is good! »*. Je dois avouer qu'à ce moment-là, je n'avais pas trop envie d'entendre ce genre de phrase. Une femme qui se trouvait derrière nous se mit à sourire lorsqu'elle entendit : « God is good! ». Elle engagea aussitôt la conversation. Elle et son époux étaient un couple de pasteurs, et ils avaient été invités à l'évènement Azusa Now. Nous échangeâmes rapidement nos coordonnées, afin de pouvoir prendre le temps de discuter après avoir enregistré nos bagages. Lorsque vint notre tour, l'agent nous expliqua que notre vol était annulé et que les seuls vols disponibles partaient le lendemain. Je lui expliquai que nous devions récupérer une voiture de location à l'aéroport de Philadelphie le soir même, et que la nuit d'hôtel était également réservée. Il nous répondit : « Je comprends tout à fait, donnez-moi juste quelques instants ». Il se leva et partit en direction d'une autre compagnie aérienne. Il revint au bout de quelques minutes et nous expliqua qu'il avait trouvé des places disponibles sur le vol d'une autre compagnie. Le coût des billets était de 1500 dollars, mais leur compagnie prenait tout à sa charge. Les nouveaux billets étaient beaucoup plus avantageux que les précédents, étant donné qu'il s'agissait d'un vol direct, alors que notre vol initial avait une escale prévue à Dallas. Ce jour-là, j'eus une nouvelle fois la confirmation qu'effectivement, toutes choses concourent au bien de ceux qui aiment Dieu, car l'annulation du vol avait tourné à notre avantage. Mais cela ne s'est pas arrêté là. Un an après, le couple pastoral que nous avions croisé à l'aéroport contacta mon ami Pascal, qui vivait depuis aux États-Unis, afin de lui demander s'il avait des contacts en France, parce qu'une jeune fille de leur église était actuellement en voyage en France. Elle était juste partie pour quelques jours, mais une fois sur place, Dieu lui aurait demandé de rester plus longtemps. Le problème est qu'elle ne connaissait personne. Pascal leur donna l'adresse de l'église, et il prévint quelques personnes. Elle vint à l'église un dimanche matin et fut touchée par l'accueil et l'amour qu'elle reçut. Plusieurs personnes s'organisèrent pour l'héberger à tour de rôle. Elle resta trois mois en France, et avant de retourner aux États-Unis, elle nous dit : « Je comprends mieux pourquoi Dieu voulait que je sois là ! ». Son séjour, ainsi que les différentes rencontres, l'avaient profondément transformée. Elle avait reçu l'amour dont elle avait besoin pour être restaurée spirituellement et émotionnellement, et les enseignements qu'elle avait reçus l'avaient éclairée concernant l'appel de Dieu pour sa vie. Tout cela commença à partir d'un simple vol annulé. C'est pourquoi lorsqu'un imprévu surgit, évitons de nous plaindre immédiatement, mais attendons de voir la manière dont Dieu va intervenir, car « *Toutes choses concourent au bien de ceux qui aiment Dieu* ».

3 - Notre obéissance témoigne que nous appartenons à Dieu

La Bible nous dit ceci : « *Glorifiez donc Dieu dans votre corps et dans votre esprit, qui appartiennent à Dieu.* » (1 Corinthiens 6:20). Tout croyant qui a sincèrement donné sa vie à Christ sait qu'il n'appartient plus à lui-même, mais à Dieu. Son rôle consiste désormais à rendre gloire à Dieu, en découvrant et accomplissant le but pour lequel il a été créé. L'obéissance lui donne la garantie de faire ce que Dieu attend de lui et de devenir la personne qu'Il doit être. Il est important de toujours garder à l'esprit que lorsque la société regarde avant *tout ce que l'on fait et ce que l'on a*, Dieu s'intéresse quant à Lui à *ce que l'on est*. La société moderne a créé une sorte de « cercle vertueux » dans lequel l'être humain est au centre, et tout doit graviter autour de lui. Ce schéma de pensée implique le fait que tout ce qu'il entreprend doit être dirigé vers lui et la satisfaction de ses besoins. C'est la raison pour laquelle beaucoup s'imaginent que leur réussite personnelle passe par l'assouvissement de leur MOI : **mon** bonheur, **mes** intérêts, **mon** argent, **ma** voiture, **ma** maison, **mes** vacances, **mes** enfants.

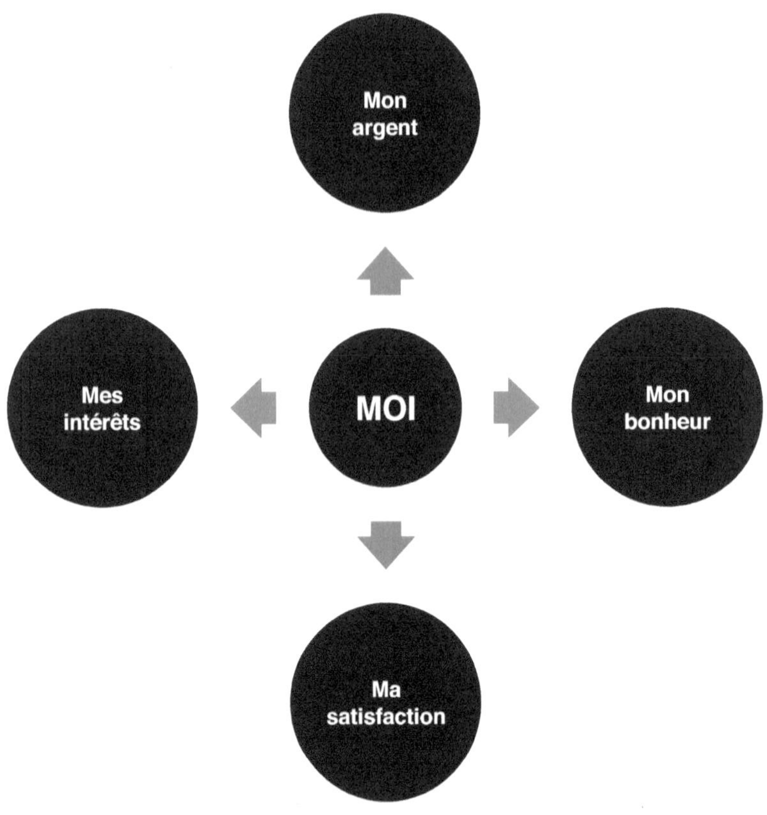

Toute personne qui fonctionne selon ce schéma de pensée rencontre inévitablement des difficultés pour se soumettre à Dieu, car l'obéissance lui donne le sentiment de s'écarter de ce qui peut être bon pour elle. Obéir à Dieu décentralise forcément le MOI, car c'est Dieu qui devient le centre et la Source de **mon** bonheur, de **ma** satisfaction, de **mon** argent, de **ma** voiture, de **ma** maison, de **mon** emploi. **De même que la Terre tourne autour du soleil et bénéficie de sa lumière, Dieu éclaire toute personne qui Le place au centre de sa vie, en devenant sa Source et son Pourvoyeur en toutes choses.**

L'obéissance nous donne libre accès à ce qu'Il a en réserve pour chacun d'entre nous, et nous oblige à nous appuyer non plus sur nos propres forces, mais sur Lui et Lui seul.

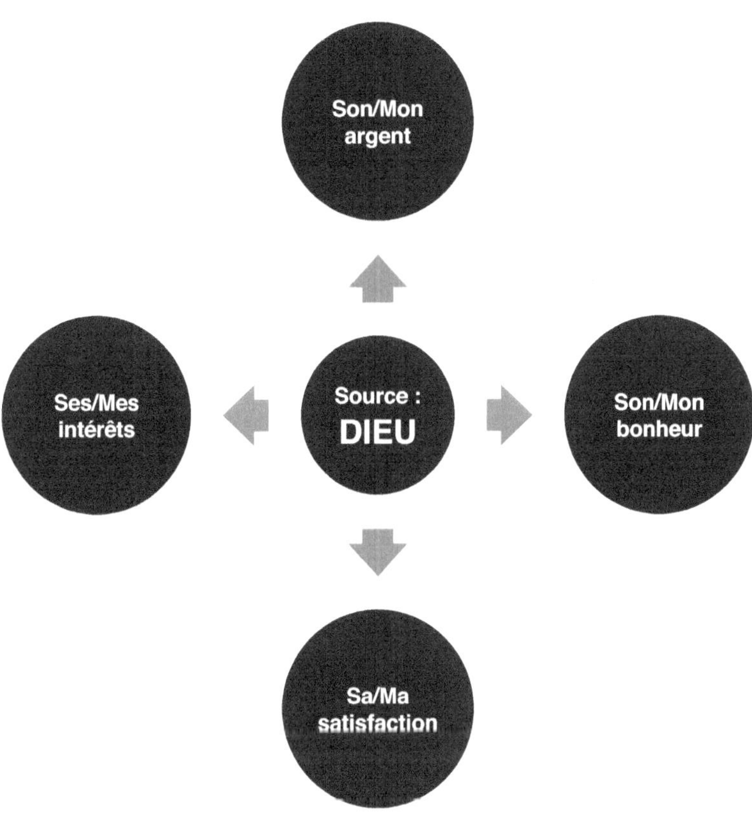

4 - Notre obéissance nous permet d'entrer dans le surnaturel

Jésus a laissé une promesse à celles et ceux qui décident de prendre leur croix et de le suivre. Il leur a dit : *« En vérité, en vérité, je vous le dis, celui qui croit en moi fera aussi les œuvres que je fais, et il en fera même de plus grandes, parce que je vais vers mon Père. »* (Jean 14:12). Tout au long de son ministère terrestre, Jésus a manifesté la puissance du Royaume de Dieu en chassant les démons, en guérissant les malades, en ressuscitant les morts et en enseignant avec autorité. Pourtant, quand nous regardons autour de nous, très peu de croyants parviennent à manifester réellement la dimension de puissance dans laquelle Dieu les attend. L'obéissance à la Parole de Dieu est l'une des clés qui permet au miraculeux de prendre place, et à l'impossible de devenir possible. De la même manière qu'un apprenti cuisinier sait qu'il est important s'il veut réussir son plat de suivre scrupuleusement les consignes du chef, de même en est-il pour tout chrétien né de nouveau qui souhaite voir le Ciel descendre sur la Terre. Il doit lire la Parole de Dieu, l'étudier, la méditer, la connaître, mémoriser les versets clés, et surtout la croire afin de la mettre en pratique. Sans la foi, il est impossible de plaire à Dieu (Hébreu 11:6). Or, la foi en Dieu et en sa Parole permet de donner vie aux choses qui n'existent pas.

Plus nous prenons le temps d'étudier la Bible, plus le Saint-Esprit dévoile les mystères qu'elle contient. La Parole de Dieu est vivante, et grâce à l'éclairage du Saint-Esprit, tout lecteur qui y plonge régulièrement son regard y trouve : une parole de vie produisant en lui un encouragement, une confirmation, ou une idée par rapport à telle ou telle situation donnée. Elle est tellement précieuse que Dieu dit à Josué, le successeur de Moïse : *« Que ce livre de la loi ne s'éloigne pas de toi !*

Médite-le jour et nuit pour agir avec fidélité conformément à tout ce qui y est écrit, car c'est alors que tu auras du succès dans tes entreprises, c'est alors que tu réussiras. » (Josué 1:8). L'obéissance à la Parole de Dieu amènera la réussite dans tous les domaines de votre vie.

5 - Notre obéissance permet de discerner l'adversité au niveau spirituel

Nous verrons dans la troisième partie qu'il existe deux mondes, le monde visible et le monde invisible, et que de même que le monde physique est régi par des lois, le monde spirituel l'est lui aussi tout autant. La Parole de Dieu étant Esprit et vie (Jean 6:63), les instructions et les recommandations qu'Elle nous donne ont une portée à la fois dans le monde physique et dans le monde spirituel. Obéir à la volonté de Dieu, en se soumettant à sa Parole, nous protège ainsi des attaques de l'adversaire. Ignorer ses principes et les transgresser peut malheureusement nous exposer au danger, voire même dans certains cas à la mort. J'aimerais partager avec vous une histoire vraie, pour que vous compreniez que notre ignorance peut malheureusement nous conduire à notre perte.

Bernard était un voisin. Sa femme était décédée, et il l'avait fait incinérer. Il avait mis ses cendres dans un vase qu'il avait posé sur le rebord de sa cheminée. Tous les soirs, il parlait à « sa femme », lui racontait sa journée et combien elle lui manquait. Il me dit un jour : « Pascal, tu vas me prendre pour un fou, mais je parle à ma femme, et elle vient me visiter le soir dans ma chambre lorsque je dors. Elle est tellement réelle que lorsqu'elle me touche le bras, je sens sa main sur ma peau ». Je lui répondis que je le croyais, mais qu'il fallait qu'il arrête parce qu'il était entré en contact avec un démon. Bien entendu, il ne me croyait pas. Il était athée et ne croyait en rien. Les gens sont parfois étonnants quand même ! Il ne croyait pas en Dieu, mais il croyait que c'était sa femme qui venait le visiter le soir. Il avait lui-même conscience qu'il existait un autre monde, mais il refusait de croire en Dieu. Bernard pratiquait le spiritisme sans même le savoir. Au lieu de s'adresser à sa femme, il était entré en contact avec un esprit démoniaque. Bernard lutta pendant plusieurs années contre différents cancers, et le plus intrigant c'est qu'à chaque fois qu'il semblait aller mieux, un nouveau cancer apparaissait. Il avait ouvert une porte spirituelle sans même le savoir, et la mort le poursuivait sans relâche.

Chapitre 3
L'humilité

Les disciples demandèrent un jour à Jésus qui sera le plus grand parmi eux dans le Royaume des cieux. Jésus prit un petit enfant, le plaça au milieu d'eux et leur dit : *« C'est pourquoi, quiconque se rendra humble comme ce petit enfant sera le plus grand dans le royaume des cieux. »* (Matthieu 18:4). En prenant pour exemple ce petit enfant, Jésus les prit à contre-pied en renversant complètement leur mode de pensée. Il choisit ce très jeune garçon, qui était peu considéré aux yeux des adultes de l'époque, afin de leur enseigner un secret du Royaume : **la grandeur d'une personne se juge à son niveau d'humilité**. Il voulait leur montrer au travers de cet exemple que c'est la personne qui est humble de cœur qui sera élevée dans le ciel.

Cette histoire est intéressante, parce qu'elle nous montre une fois encore, l'énorme décalage entre le mode de pensée de notre société occidentale et celui du Royaume de Dieu. Inutile d'aller bien loin pour constater cela, il suffit d'allumer son poste de télévision, de surfer sur les réseaux sociaux ou sur les sites d'hébergement de vidéos tels que YouTube, pour voir que les personnes qui ont le plus de fans ne sont pas toujours les plus humbles. Paradoxalement, plus elles se mettent en avant, et se font passer pour les meilleures, les plus fortes, les plus belles, et plus elles sont populaires, où tout du moins chez les plus jeunes qui aimeraient eux aussi connaître la même gloire.

Le dictionnaire Larousse définit l'humilité comme étant : « le sentiment, l'état d'esprit de quelqu'un qui a conscience de ses insuffisances, de ses faiblesses et qui est porté à rabaisser ses propres mérites[1]. » Plusieurs passages de la Bible mettent l'accent sur la nécessité d'être humble pour être semblable à Jésus. Le Fils de Dieu qui était de toute éternité avec le Père s'est volontairement dépouillé de sa gloire et de sa magnificence pour se faire homme. Il s'est fait serviteur en venant non pour être servi, mais pour servir (Matthieu 20:28), non pour juger, mais pour sauver. La Bible nous dit qu'Il s'est humilié jusqu'à la mort :

> *« Que votre attitude soit identique à celle de Jésus-Christ : lui qui est de condition divine, il n'a pas regardé son égalité avec Dieu comme un butin à préserver, **mais il s'est dépouillé lui-même en prenant une condition de serviteur, en devenant semblable aux êtres humains**. Reconnu comme un simple homme, **il s'est humilié lui-même en faisant preuve***

---

1. Dictionnaire Larousse, site : https://www.larousse.fr/dictionnaires/francais/humilité/40659

> *d'obéissance jusqu'à la mort,*
> *même la mort sur la croix.* »
> (Philippiens 2:5-8)

Il a accompli des choses que nul autre n'a accomplies avant Lui et même après Lui, et il est pourtant resté humble en redonnant systématiquement la gloire à Dieu, car Il savait que tout ce qu'Il faisait n'était rendu possible que grâce à sa soumission totale au Père. L'humilité est une vertu essentielle pour véritablement plaire à Dieu, elle est la clé qui ouvre les portes du Ciel et permet de jouir des nombreuses bénédictions du Créateur. L'humilité est une marque de grandeur et un signe de maturité dans le Royaume de Dieu. C'est une qualité que chaque croyant né de nouveau doit manifester, car en faisant preuve d'humilité, il reconnaît que tout ce qu'il a ou ce qu'il est ne dépend finalement pas de lui, mais de la grâce de Dieu. L'homme qui est beau, la femme qui est intelligente, le sportif qui a des capacités physiques exceptionnelles, la chanteuse qui a une voix extrêmement belle, le chercheur qui découvre un vaccin, ou la créatrice de mode qui crée des produits exceptionnels, doivent normalement reconnaître que Dieu les a créés ainsi, et que c'est Lui qui leur a donné la créativité, l'intelligence, la beauté, les dons et les talents. Toute personne qui est consciente de cela a tendance à rester humble et à être reconnaissante, en rendant toute la gloire au Créateur. Regardons ensemble trois points expliquant pourquoi l'humilité est si importante aux yeux de Dieu.

1 - L'orgueil précède la chute

Un pasteur qui a plus de 45 ans de conversion dit un jour à un jeune homme qui le félicitait pour sa longévité dans le ministère : « J'ai constaté qu'il y a trois choses qui font tomber un homme : les femmes, l'argent et l'orgueil ». L'orgueil n'est pas quelque chose à prendre à la légère ni à considérer comme « un petit défaut », mais il faut au contraire le traiter à la racine avant qu'il ne prenne le contrôle. L'orgueil est une estime exagérée de soi, qui nous fait croire que nous sommes supérieurs aux autres. L'orgueil est à l'origine de bien des maux, comme la jalousie, la critique, la moquerie, l'arrogance ou la suffisance. Personne n'est à l'abri de ce fléau qui prend place furtivement dans les cœurs. Nous n'avons parfois même pas conscience de sa présence, jusqu'au moment où un évènement particulier l'autorise à faire surface. Certains arrivent à bien le cacher sous une fausse apparence d'humilité, mais d'autres ne peuvent le contenir et le laissent apparaître au grand jour. Ils ont le regard hautain, parlent avec mépris et se croient supérieurs, parce qu'ils ont l'impression d'être quelqu'un d'important. La beauté physique, l'intelligence, le succès, une promotion professionnelle, l'obtention d'un diplôme, une victoire sportive, un défi relevé, une position sociale atteinte, l'achat d'une belle maison ou d'une belle voiture, la popularité, l'acclamation du public, une photo ou une vidéo qui reçoit beaucoup de « likes », les félicitations, la reconnaissance et le talent… sont autant d'éléments qui nourrissent l'ego et font grossir l'orgueil chez celles et ceux qui n'ont pas pris soin de le traiter. Toutes ces choses ne sont pas mauvaises en soi, mais c'est plutôt l'effet qu'elles ont sur nous qui est soit positif, soit négatif en fonction de l'état de notre cœur. L'orgueil déforme notre vision de la réalité, et nous donne l'impression d'être au-dessus des autres et le centre de tout.

On ne compte plus le nombre de personnes qui ont bien « démarré », mais qui un jour ont tout perdu : un associé, un ami, leur conjoint, leur réputation, leur argent, leur entreprise ou leur position, à cause de l'orgueil qui a envahi leur cœur. Déconnectées de la réalité, elles ont blessé par leurs paroles, méprisé par leur attitude, dénigré un proche ou fait un mauvais choix. L'histoire de Lucifer est significative à ce propos. Il était autrefois un chérubin au service de Dieu, jusqu'au jour où son cœur s'est enflé en raison de sa très grande beauté. Son orgueil fut à l'origine de sa chute (Ézéchiel 28).

L'orgueil a un tel pouvoir sur l'être humain, que la Bible nous met en garde à ce sujet : *« L'arrogance précède la ruine, et l'orgueil précède la chute. »* (Proverbes 16:18). Il est important de veiller sur son cœur et de rejeter toute forme d'orgueil, afin de se protéger. Ceux qui sont proches de Dieu seront automatiquement repris par le Saint-Esprit, qui leur dévoilera l'état de leur cœur. Il suffit alors de demander pardon à Dieu, et d'implorer sa grâce afin d'éteindre l'orgueil. Ceux qui marchent encore selon la chair ne s'en rendront pas forcément compte immédiatement. Il faudra malheureusement attendre un incident, ou une remarque d'une personne de leur entourage pour qu'ils s'en aperçoivent. Ceux qui savent se remettre en question prendront en compte les reproches qui leur ont été faits, et après une introspection, corrigeront leur attitude. En revanche, ceux qui refuseront de faire cet exercice se feront passer pour la victime, ce qui bien entendu ne fera qu'accroître leur orgueil. Il faut bien comprendre que l'orgueil déforme notre vision de la réalité, d'où l'importance d'être sensible à la voix du Saint-Esprit, ou d'être entouré d'amis sincères, capables de nous tenir un langage de vérité, non pour nous condamner, mais pour nous aider à nous corriger et à devenir ainsi meilleurs.

2 - L'humilité donne accès au trône de Dieu

La qualité de nos prières ne dépend pas de leur longueur ni de la richesse de notre vocabulaire, mais de leur source, selon qu'elles soient inspirées par notre chair ou bien par le

Saint-Esprit. L'apôtre Jean qui a été ravi jusqu'au troisième ciel nous explique que devant le trône de Dieu se trouvent *des coupes d'or remplies de parfums, qui sont les prières des saints* (Apocalypse 5:8). Toutefois, ce ne sont pas toutes nos prières qui ont l'effet d'un parfum de bonne odeur, mais seules celles qui sont agréées par Dieu, c'est-à-dire celles qui sont inspirées par le Saint-Esprit. Les prières qui sont charnelles, intellectuelles et centrées sur soi, s'évaporent dans l'atmosphère, car elles n'ont pas suffisamment de substance pour s'élever. Comme j'aime le dire souvent : « elles ne dépassent pas le plafond ». Les motivations de notre cœur sont essentielles, car d'elles dépendent la puissance de nos prières et leur exaucement. Lorsque Jésus pria pour la résurrection de Lazare, il s'adressa au Père et Lui dit quelque chose de très intéressant : « ***Pour moi, je savais que tu m'exauces toujours*** ; mais j'ai parlé à cause de la foule qui m'entoure, afin qu'ils croient que c'est toi qui m'as envoyé. » (Jean 11:42). Toutes les prières faites par Jésus recevaient une réponse favorable, parce qu'Il exprimait la volonté parfaite du Père. De même, plus nous nous soumettons au Saint-Esprit, plus les sentiments qui étaient en Jésus-Christ sont en nous (Philippiens 2:5), et plus nos requêtes sont elles aussi en accord parfait avec la volonté de Dieu. **Plus notre intimité avec Dieu grandit, et plus le Saint-Esprit peut même nous emmener dans une dimension dans laquelle 100 % de nos prières reçoivent l'exaucement, parce qu'elles correspondent à des besoins auxquels Dieu voulait répondre.** Nos prières deviennent l'expression orale de ce qui était déjà sur son cœur, parce que l'intimité que nous avons développée avec Lui, agit en nous de telle manière que ses désirs sont devenus nos désirs. Cependant, Dieu a besoin qu'un homme ou une femme se tienne à la brèche, c'est-à-dire prie, pour pouvoir intervenir dans « les affaires humaines » et libérer sa bénédiction, ou dans certains cas son jugement. Rappelons que Dieu ayant donné la gouvernance de la Terre aux êtres humains, nos prières lui permettent d'agir légitimement sur la Terre, comme il est écrit dans ce verset : *« Les cieux sont les cieux de l'Éternel, Mais il a donné la terre aux fils de l'homme. »* (Psaume 115:16). À l'inverse, l'orgueil nous ferme les portes du ciel, car ***« Dieu résiste aux orgueilleux, mais il fait grâce aux humbles. »*** (1 Pierre 5:5). J'aimerais vous montrer deux raisons pour lesquelles Dieu résiste aux orgueilleux, afin de mettre en évidence l'importance de toujours bien veiller sur nos cœurs.

<u>Premièrement</u> : Le fait de se croire supérieur nous empêche de nous mettre au service des autres et de Dieu. Jésus est un Roi qui s'est fait serviteur, et Il est venu non pour être servi, mais pour servir (Matthieu 20:28). Une personne orgueilleuse refusera de se mettre au service des autres, sauf si cela est dans son propre intérêt. L'orgueil la pousse en effet à toujours s'intéresser à elle avant les autres et ce, y compris dans son service au sein de l'église locale. La Bible nous reprend quant à ce type d'attitude, en nous incitant au contraire à voir les autres comme étant supérieurs à nous. Regardons ce verset qui nous explique très clairement l'importance de veiller sur les motivations de nos actions : *« Ne faites rien par esprit de parti ou par vaine gloire, mais **que l'humilité vous fasse regarder les autres comme étant au-dessus de vous-mêmes**. Que chacun de vous, au lieu de considérer ses propres intérêts, considère aussi ceux des autres. »* (Philippiens 2:3-4). Seule l'humilité nous donne les bonnes dispositions de cœur pour être une aide pour les autres, contrairement à l'orgueil qui nous poussera toujours à chercher à attirer les regards vers nous. Nous ne nous en rendons pas toujours compte, tellement cela est subtil et caché à l'intérieur de nous. Regardons ces deux exemples pour voir de quelle manière cela peut se manifester :

- Une conductrice de louange qui cherchera à se faire remarquer par la beauté de sa voix, plutôt que de se laisser pleinement diriger par le Saint-Esprit, pour amener l'assemblée devant le trône de Dieu.

- Un enseignant qui essaiera d'impressionner par ses connaissances, plutôt que d'instruire les fidèles dans le but de les voir profondément transformés.

Au travers de ces deux exemples, nous voyons que ces deux personnes sont au service des autres, mais l'orgueil les conduit à être en réalité au service d'elles-mêmes. Cela est tellement subtil, qu'elles n'en ont parfois même pas conscience, d'où l'importance que nous examinions régulièrement notre cœur, pour voir quelles sont nos réelles motivations.

<u>Deuxièmement</u> : L'orgueil nous pousse à rechercher notre propre gloire, au lieu de celle de Dieu. Lorsque Dieu répond à nos requêtes, ou qu'Il nous utilise d'une manière particulière et que l'orgueil est présent dans notre cœur, nous avons tendance à croire que c'est « grâce à nos prières » ou « grâce à notre travail », que nous avons réussi ou obtenu telle ou telle chose. Cela ne veut pas dire qu'il ne faut pas travailler, ni être fier du travail accompli, ou ne pas féliciter une personne qui a durement travaillé et se réjouir avec elle. Il faut simplement se rappeler deux choses, afin de se protéger et de toujours garder un cœur humble : *« Car c'est Dieu qui produit le vouloir et le faire, selon son bon plaisir »* (Philippiens 2:13), et *« Toute grâce excellente et tout don parfait descendent d'en haut, du Père des lumières, chez lequel il n'y a ni changement ni ombre de variation »* (Jacques 1:17). Ces deux versets nous rappellent l'importance de toujours rester humble, car non seulement c'est Dieu qui dépose en nous l'envie de faire telle ou telle chose, mais c'est également Lui qui nous donne le ou les talents pour l'accomplir. Ajoutons à cela, l'action du Saint-Esprit en nous et au travers de nous pour nous en donner la capacité. Le jour où nous prenons conscience de cela, nous nous rendons compte que nous ne sommes pas les seuls acteurs de notre succès. Dieu suscite en nous le vouloir et le faire. Le Saint-Esprit nous montre la manière d'y parvenir, et Il peut même dans certains cas nous mettre en contact avec une ou des personnes qui nous aideront dans la réalisation de SON projet (et non pas le nôtre). Et sa force nous aide à garder le cap. Cette prise de conscience nous permet de rester humbles, et de rendre la gloire à Dieu qui est l'Auteur de toutes choses. Notre gratification est d'avoir pu être à son service, et que par notre intermédiaire Il ait pu intervenir sur la Terre et répondre aux besoins des hommes. Plus nous sommes humbles, et plus Dieu peut nous faire confiance, car Il sait que non seulement nous ne lui volerons pas Sa gloire, mais qu'en plus de cela, Il ne risquera pas de nous perdre, une fois que nous aurons « réussi ». Je mets volontairement les guillemets, pour nous rappeler que la réussite selon la société et celle selon Dieu sont diamétralement opposées. Beaucoup étaient proches de Dieu lorsqu'ils n'avaient rien et qu'ils étaient totalement dépendants de Lui, mais l'aisance financière, la popularité ou le succès ont fini par éteindre leur premier amour et leur faire oublier Celui à qui Ils devaient tout. L'humilité préserve notre intimité avec Dieu, et nous protège contre nous-mêmes, car lorsque l'orgueil prend trop de place nous pouvons devenir notre propre dieu.

3 - L'humilité change le regard que nous avons envers les autres

Vous connaissez peut-être l'expression qui dit : « Ne jugez pas un livre à sa couverture ». Notre degré d'humilité influence notre ouverture d'esprit, et le regard que nous avons envers les autres. Une personne humble est généralement beaucoup plus accessible et prompte à écouter, voire même à se remettre en question, qu'une personne orgueilleuse qui pense tout savoir. Une personne humble essaie de considérer les gens sur un même pied d'égalité, alors qu'une personne orgueilleuse aura tendance à les estimer selon qu'ils pensent et qu'ils se comportent comme elle le juge bon. **L'humilité est l'un des filtres les plus purs, elle dépouille notre regard de toute considération humaine et nous prédispose à faire de nouvelles rencontres.** C'est uniquement dans un contexte de confiance que même les personnes les plus fermées s'autorisent à ouvrir la porte de leur cœur, parce qu'elles savent qu'elles ne seront pas jugées. Derrière une attitude distante peuvent se cacher des expériences riches ou malheureusement des histoires tristes, de précieux trésors ou de profondes blessures. L'humilité nous permet d'avoir une oreille attentive, et de considérer les gens à leur juste valeur.

L'humilité est l'une des vertus du caractère de Christ, et tout chrétien né de nouveau se doit, à l'image de son Sauveur, d'avoir cette qualité en lui, s'il veut vraiment Lui plaire. Jésus s'est décrit Lui-même comme étant *doux et humble de cœur* (Matthieu 11:29). Il aimait avoir une certaine proximité avec les gens qu'Il rencontrait, et échanger avec eux afin de les laisser exprimer la nature de leurs besoins. Le tout premier miracle qu'Il accomplit eut lieu lors d'un mariage, au cours duquel il manquait du vin. Sa mère lui demanda de venir en aide aux mariés, et bien que son heure n'était pas encore venue, Il répondit favorablement en transformant l'eau en vin. Un jour, Il se rendit chez Zachée, chef des publicains (des collecteurs d'impôt), pour y manger. Les gens religieux lui reprochèrent le fait qu'il soit au contact des gens de mauvaise réputation. Un autre jour, Il prit le bateau pour aller jusque dans le pays des Gadaréniens, pour y délivrer un homme qui était possédé par une légion de démons. L'humilité conduisait constamment sa route, et le poussait à être au plus près de la population et des laissés-pour-compte. Elle lui permettait de voir les gens non comme la société pouvait les considérer, mais avec un regard rempli de compassion et d'amour.

Chapitre 4
La fidélité

Il fut un temps où il suffisait d'une simple parole donnée, d'un serment ou d'une poignée de main, pour entériner un accord entre deux ou plusieurs personnes. La promesse avait une valeur très importante, parce qu'elle engageait l'honneur et la réputation des personnes qui s'étaient accordées. Les gens avaient le sens de l'honneur et des valeurs, et tâchaient de veiller au mieux à leur engagement, car ils savaient que de cela dépendait leur bonne ou mauvaise réputation. Cet état d'esprit a fini cependant peu à peu par s'étioler. Désormais, lorsque deux parties prennent un engagement, elles établissent un contrat en bonne et due forme, avec toute une série de clauses pour s'assurer qu'il n'y ait aucune faille permettant à l'une des deux parties de se défaire de ses engagements, si elle venait à changer d'avis. Ces dernières années, l'État a mis en place plusieurs lois permettant l'assouplissement des contrats commerciaux. Les acheteurs immobiliers disposent dorénavant d'un délai de rétraction de dix jours (au lieu de sept) dans le cadre d'une promesse de vente.

Depuis peu, il y a également des « contrats sans engagement », qui donnent la possibilité aux clients de se désengager dès qu'ils le souhaitent. Il n'est désormais plus obligatoire d'attendre la date d'anniversaire pour rompre un contrat, comme cela pouvait l'être à une époque. Cette possibilité de désengagement ne s'arrête pas là. En prenant le métro parisien, il n'est plus surprenant de voir des affiches publicitaires faisant la promotion de sites internet prônant les relations extra-conjugales.

Aujourd'hui, la loi de l'engagement a perdu tout son sens chez certaines personnes, que ce soit sur le plan marital, senti-mental, amical, professionnel, personnel, ou autre, car l'intérêt individuel a pris le dessus. L'être humain accepte de moins en moins les contraintes qui le privent selon lui d'une partie de sa liberté. Cet état d'esprit conduit certaines personnes à refu-ser toute forme d'obligation. Mais est-ce si surprenant que cela finalement, dans une société qui tend de plus en plus vers l'in-dividualisme ? Est-ce étonnant de voir des personnes se désen-gager dès qu'elles ont « changé d'avis », « n'ont plus envie », ou « aspirent à voir autre chose » ? Le roi Salomon écrivit en son temps : *« Beaucoup de gens proclament leur bonté ; mais un homme fidèle, qui le trouvera ? »* (Proverbes 20:6). Si à son époque, la fidélité semblait déjà être une denrée rare, que peut-il bien en être aujourd'hui ? **Au fil du temps, les mots « confiance », « loyauté » et « fidélité » ont perdu peu à peu de leur poids, parce qu'ils ont été vidés en partie de leur substance, alors qu'ils restent les piliers inamovibles sur les-quels doit reposer toute relation authentique.**

Dieu aime les personnes fidèles, car Il l'est, c'est sa nature. La Bible dit que : *« Si nous sommes infidèles, il demeure fidèle, car il ne peut se renier lui-même. »* (2 Timothée 2:13). C'est pourquoi, lorsqu'Il s'exprime, Il ne peut parler en vain, car cha-cune de ses paroles engage son Nom. Ses mots ont des réper-cussions à la fois dans notre espace-temps, mais également au-delà, car chaque parole prononcée active une autre dimension. **À chaque fois que Dieu parle, le Saint-Esprit est chargé d'en orchestrer son exécution.** Nous ne nous en rendons pas toujours compte, mais au son de sa voix, l'ensemble de la création, c'est-à-dire l'univers, la Terre, les anges et les hommes (de façon consciente ou pas) se mettent en ordre de marche pour donner vie à ses paroles, au moment précis où elles doivent s'exécuter. Dieu est le maître du temps et des circonstances, et si ses promesses tardent à voir le jour, elles finiront inéluctablement par s'accomplir, car *ses paroles ne reviennent point à Lui sans effet, sans avoir atteint le but qu'Il leur avait fixé* (Ésaïe 55:11).

La fidélité de Dieu est visible tout au long de l'histoire de l'humanité, et ce, de différentes manières :

- **Son amour infaillible :** Le salut est rendu possible pour tous les êtres humains, en dépit de leurs manquements, et de leur refus d'accepter la main tendue de Dieu : « *Car Dieu a tant aimé le monde qu'il a donné son Fils unique, afin que quiconque croit en lui ne périsse point, mais qu'il ait la vie éternelle.* » (Jean 3:16).

- **Ses bénédictions :** Elles sont envers tous les êtres humains, quelle que soit leur condition. Dieu aime tous les hommes de manière identique, Il ne fait pas de favoritisme, et ne les considère pas en fonction de leur couleur de peau, de leur position sociale, ou de leur niveau d'éducation. La Bible dit qu'*Il fait lever son soleil sur les méchants et sur les bons, et il fait pleuvoir sur les justes et sur les injustes.* (Matthieu 5:45).

- **Ses alliances** : La Bible nous enseigne qu'à différents moments de l'histoire, Dieu a conclu des alliances avec des hommes tels que Noé, Abraham, Israël ou le roi David. L'alliance est le plus haut niveau d'engagement entre deux individus, elle est aussi forte que le lien, l'unité, qui doit normalement exister entre des époux. Dieu a également conclu *une Nouvelle Alliance* avec les hommes au travers de son Fils Jésus-Christ. Celles et ceux qui reçoivent Jésus-Christ comme leur Seigneur et Sauveur personnel bénéficient des privilèges de cette Nouvelle Alliance. Ils reçoivent le pardon de leurs péchés, ont la garantie de la vie éternelle et peuvent désormais accéder directement à Dieu : *« Et c'est pour cela qu'il [Jésus] est le médiateur **d'une nouvelle alliance**, afin que, la mort étant intervenue pour le rachat des transgressions commises sous la première alliance, ceux qui ont été appelés reçoivent l'héritage éternel qui leur a été promis. »* (Hébreux 9:15).

- **Ses promesses** : Beaucoup de nos contemporains s'interrogent et se demandent pourquoi, si Dieu existe, il y a autant de guerres, de violences, d'injustices, de pauvreté et de catastrophes écologiques. Dieu n'est bien entendu aucunement responsable de toutes ces choses, qui ne sont finalement que les conséquences de la méchanceté du cœur des hommes. Ses promesses envers nous sont bien plus qu'excellentes, puisqu'Il nous dit : *« Car je connais les projets que j'ai formés sur vous, dit l'Éternel, projets de paix et non de malheur, afin de vous donner un avenir et de l'espérance. »* (Jérémie 29:11).

Toute alliance est régie à la fois par des droits et des devoirs. Une personne qui entre dans le cadre de la Nouvelle Alliance bénéficie de nombreux privilèges, mais elle est également soumise à certains devoirs. L'homme et la femme qui acceptent les exigences de cette alliance, et qui surtout y restent fidèles, pourront alors jouir de ses nombreuses promesses. La fidélité est une qualité déterminante pour entrer dans les plans de Dieu pour notre vie et Le connaître intimement. J'aimerais vous montrer cinq avantages que nous procure la fidélité à Dieu.

1 - Seules les personnes fidèles hériteront de la couronne de gloire

Jésus raconta un jour à ses disciples, l'histoire d'un homme qui partit en voyage et remit des biens à ses serviteurs. Il donna cinq sacs d'argent à l'un, deux à l'autre, et un au troisième. Lorsqu'il revint, il demanda à chacun d'eux de lui indiquer ce qu'ils avaient fait de ce qu'il leur avait remis. Celui qui en avait reçu cinq, en remit cinq autres à son maître, celui qui en avait deux, en remit deux autres à son maître, et celui qui en avait un seul remit uniquement celui qu'il avait reçu. Le maître félicita les deux premiers pour leur fidélité en leur disant : *« C'est bien, bon et fidèle serviteur ; tu as été fidèle en peu de chose, je te confierai beaucoup ; entre dans la joie de ton maître. »* (Matthieu 25:23). Quant au troisième, il expliqua qu'il avait caché le sac d'argent dans la terre, parce qu'il avait peur de son maître. Il lui dit : *« Seigneur, je savais que tu es un homme dur, qui moissonnes où tu n'as pas semé, et qui amasses où tu n'as pas vanné »* (v.24). Le maître lui reprocha de ne pas l'avoir déposé en banque, afin qu'il lui rapporte au moins des intérêts, et il ordonna qu'on le jette dans les ténèbres du dehors.

N'est-ce pas surprenant que le troisième fût jugé aussi durement, alors qu'à aucun moment le maître n'indiqua clairement ce qu'il attendait de ses serviteurs ? Cela nous prouve que les serviteurs connaissaient leur maître et qu'ils savaient quelle était sa volonté, sans qu'il ait besoin de le leur rappeler. Les deux serviteurs qui surent prendre soin de ce qui leur avait été confié furent jugés comme étant bons et fidèles. « Bons » parce qu'ils réussirent à faire fructifier l'argent, et « fidèles » parce qu'ils firent la volonté de leur maître. Jésus donna cette parabole aux disciples, pour leur expliquer que Dieu a également donné des talents à chacun d'entre nous et que c'est l'usage que nous en faisons qui déterminera les récompenses dont nous hériterons au ciel, selon que nous les avons utilisés pour notre propre gloire ou pour la sienne. **Toute personne qui s'attache à connaître la volonté de Dieu pour sa vie et à mettre à profit les talents qu'Il lui a confiés pour y parvenir est considérée comme étant fidèle à ses yeux, parce qu'elle devient le prolongement de son bras sur la Terre.** En d'autres termes, c'est comme si Dieu intervenait dans les affaires des hommes au travers de cette personne.

Jésus **est** le médiateur entre Dieu et les hommes (1 Timothée 2:5), Il **est** l'image du Dieu invisible (Colossiens 1:15), et Il est la Parole de Dieu (Jean 1:1-3). Tout le monde était impressionné de la manière dont Il enseignait avec autorité et des nombreux prodiges qu'Il accomplissait. Jésus leur révéla le secret de sa réussite. Il leur dit : *« En vérité, en vérité, je vous le dis, **le Fils ne peut rien faire de lui-même, il ne fait que ce qu'il voit faire au Père ; et tout ce que le Père fait, le Fils aussi le fait pareillement.** »* (Jean 5:19), et encore : *« Car je n'ai point parlé de moi-même ; **mais le Père, qui m'a envoyé, m'a prescrit lui-même ce que je dois dire et annoncer.** »* (Jean 12:49). Le succès de son ministère terrestre était lié au fait qu'Il était totalement dépendant de Dieu. C'est pourquoi à la fin de chaque journée, ou très tôt avant le lever du jour, il se retirait à l'écart, dans un lieu désert pour prier le Père. Lors de ce rendez-vous quotidien, Il recevait les instructions pour sa journée, ce qu'Il devait dire, ce qu'Il devait faire, ainsi que l'endroit où Il devait se rendre. Jésus enseignait uniquement ce que Dieu lui prescrivait de dire, et Il faisait seulement ce que Dieu lui demandait de faire. Tous ceux qui étaient à son contact voyaient le Père au travers de Lui, sans même le savoir, c'est pourquoi Il dit à Philippe qui souhaitait voir le Père : « *Celui qui m'a vu a vu le Père* » (Jean 14:9). Jésus était la représentation parfaite du Père sur la Terre, Il Lui était identique en tout point. Il Lui était fidèle sur tous les plans, car Il est Lui-même Dieu. Il Lui était fidèle quant au **caractère** : fidèle en amour, en bienveillance, en miséricorde, en empathie, en servant les autres. Il Lui était fidèle en **œuvres** : miracles et guérisons. Il lui était fidèle en **soumission**, comme nous le montre si bien le verset suivant : « *Car je suis descendu du ciel **pour faire, non ma volonté, mais la volonté de celui qui m'a envoyé**.* » (Jean 6:38). Le succès du ministère de Jésus-Christ s'explique par sa soumission et sa fidélité parfaite au Père. Jésus sut rester fidèle jusqu'au bout, même lorsque dans le jardin de Gethsémané, il fut en proie à une bataille sans précédent dans ses pensées. En voyant l'épreuve terrible qui l'attendait, l'angoisse envahit son être tout entier, au point que sa sueur devint comme des grumeaux de sang (Luc 22:44). La médecine appelle ce phénomène très rare l'hématidrose. Il se produit lorsqu'une personne est confrontée à une anxiété et un stress extrêmes. Seul face à « la décision de sa vie », Jésus ne cessa pourtant de répéter : « *Non pas ma volonté Père, mais ta volonté* » (Matthieu 26:39). Il avait pourtant la possibilité de renoncer, car son Père Lui avait laissé le choix, comme Il l'expliqua un jour à ses disciples : « *Personne ne me l'ôte [la vie], mais je la donne de moi-même ; j'ai le pouvoir de la donner, et j'ai le pouvoir de la reprendre : tel est l'ordre que j'ai reçu de mon Père.* » (Jean 10:18). Mais Il choisit de rester malgré tout fidèle à son engagement et à sa soumission totale au Père, *en **se rendant obéissant jusqu'à la mort**, même jusqu'à* *la mort de la croix* (Philippiens 2:8). C'est pourquoi Il hérita du Nom au-dessus de tout nom, et qu'Il reçut du Père tout pouvoir dans le ciel, sur la Terre, et sous la Terre.

2 - La fidélité dans les petites choses permet d'en avoir de plus grandes

Le livre de la Genèse nous relate l'histoire de Joseph qui, vendu par ses frères, se retrouva esclave chez Potiphar, un officier de Pharaon. Potiphar constata que l'Éternel était avec Joseph, parce qu'il réussissait dans tout ce qu'il faisait. Il décida donc de lui confier la gestion de toute sa maison. Malheureusement, la femme de Potiphar qui voulait coucher avec Joseph porta un jour de fausses accusations contre lui, vexée par ses refus répétés. Elle l'accusa de viol, et Joseph fut alors jeté en prison. Il ne fallut pas attendre bien longtemps pour que le chef de la prison ne lui confie la surveillance de tous les prisonniers, voyant que l'Éternel était avec lui. Malgré la trahison de ses frères et les fausses accusations de la femme de Potiphar, Joseph resta fidèle à Dieu et intègre, **et c'est justement en cela qu'il réussit le test**. Dieu savait qu'Il pouvait désormais compter sur lui, et lui confier de plus grandes responsabilités, parce qu'il avait été fidèle dans les petites choses. Quelque temps après, Pharaon eut un rêve qui le troubla tout particulièrement. Il consulta les magiciens et les sages, mais aucun d'entre eux n'était capable de lui en donner l'interprétation. Le chef des échansons qui fut emprisonné un temps avec Joseph, se souvint de lui, et dit à Pharaon qu'Il connaissait quelqu'un capable d'expliquer son rêve. Pharaon le fit chercher, et Joseph parvint non seulement à lui en donner l'explication, mais il lui donna également la stratégie à mettre en place pour faire face à la famine à venir. Impressionné par sa sagesse et son intelligence, Pharaon décida de le désigner numéro deux d'Égypte, après lui. (Genèse 37-47).

Joseph était passé par différentes épreuves, mais parce qu'il sut rester fidèle à Dieu malgré tout cela, Dieu l'éleva au moment où Il l'avait décidé.

Cette histoire n'est pas sans nous rappeler l'histoire du roi David, qui était auparavant un simple berger. Lorsqu'il s'occupait des brebis de son père, il n'hésita pas à mettre sa vie en danger en se battant contre le lion et l'ours, afin de les arracher à la mort. Il fit preuve du même courage lorsqu'il affronta le géant Goliath, et qu'il se battit contre des peuples ennemis. C'est grâce à sa fidélité dans les petites choses que Dieu lui permit plus tard de gouverner tout un peuple.

Jésus enseigna un jour à ses disciples la chose suivante : « *Celui qui est fidèle dans les petites choses l'est aussi dans les grandes, et celui qui est malhonnête dans les petites choses l'est aussi dans les grandes.* » (Luc 16:10). Dieu commencera toujours par nous confier de petites tâches, dans le but de nous préparer, mais également d'observer la manière dont nous nous en occupons. Certaines personnes ont naturellement tendance à prendre très au sérieux les petites responsabilités qui leur sont confiées, et à s'impliquer avec zèle, peu importe le fait que leur travail soit beaucoup ou peu considéré aux yeux des autres. Dès lors qu'on leur confie une tâche à accomplir, elles s'en occupent avec sérieux. Un homme ou une femme qui savent prendre soin des choses qui peuvent sembler sans valeur pour certains sont des personnes sur lesquelles on pourra compter, lorsque le moment sera venu de leur confier des responsabilités plus importantes. « Les petites choses » et « les petites responsabilités » auront servi de test pour observer son comportement et mettre à nu les réelles motivations de son cœur.

L'authenticité d'une personne se voit à la manière dont elle se comporte, quand elle sait que personne ne la regarde, car l'être humain a tendance à adopter une attitude selon qu'on l'observe ou qu'il se sait à l'abri des regards.

3 - De notre fidélité dépend notre relation avec Dieu et avec les autres

Selon une étude, la France compte environ 130 000 divorces par an et 45 % des mariages finissent par un divorce[1]. La raison principale est l'infidélité. Les mariés se sont pourtant juré fidélité pour le meilleur et pour le pire devant le maire, leurs proches et certains même devfant Dieu. Que s'est-il bien passé ? Auraient-ils oublié leurs vœux ? Les plus anciens vous diront avec sagesse que le temps qui passe est le meilleur moyen pour éprouver la fidélité. Les années, les disputes, les problèmes financiers, l'arrivée d'un ou plusieurs enfants, la prise de poids, la perte d'un emploi, la maladie et les épreuves de la vie, seront le meilleur moyen pour tester la résistance des sentiments, et vérifier si la promesse de fidélité était authentique, ou si elle n'était finalement que des mots. La fidélité n'est ni une émotion, ni un sentiment, mais un choix. Elle consiste à prendre une ferme résolution et à s'y tenir quoiqu'il en coûte.

La fidélité est une marque de fiabilité, de persévérance et de longévité. Des caractéristiques qui, vous en conviendrez certainement avec moi, sont de plus en plus rares de nos jours, dans nos relations avec les uns et les autres, mais également avec Dieu. On ne compte plus le nombre d'hommes et de femmes qui ont bien commencé leur marche avec Christ, mais qui se

---

1. Source internet : www.jurifiable.com, https://www.jurifiable.com/ conseil-juridique/droit-de-la-famille/divorce-france-statistiques.

sont arrêtés à un moment donné au bord du chemin. Le problème n'est pas tant de s'arrêter, car la vie chrétienne est semblable à une course de fond, et tout bon coureur sait qu'il peut arriver parfois de faire une pause, pour récupérer et reprendre son souffle, afin de repartir de plus belle. L'erreur est de mettre définitivement fin à sa course, voire de faire marche arrière et de retourner au point de départ. Notre pèlerinage terrestre est long et chaotique, mais sachons rester fidèle jusqu'au bout, car les souffrances du temps présent ne sont rien comparées à la gloire à venir.

4 - Dieu sait qu'Il peut compter sur les personnes fidèles

L'émergence des nouvelles technologies et des réseaux sociaux offre un large éventail de possibilités, mais aussi de distractions. Il est devenu de plus en plus difficile aujourd'hui de faire une seule chose à la fois, et d'y rester concentré jusqu'au bout. Beaucoup commencent quelque chose et s'arrêtent avant même d'avoir terminé. Beaucoup s'engagent et ne tiennent pas leur parole, disent « oui » et font l'inverse. Seules les personnes qui ont suffisamment de volonté pour se détacher un temps de certaines distractions, comme éteindre son téléphone portable, se déconnecter des réseaux sociaux, faire une pause sur les jeux vidéo ou les séries télévisées, pourront atteindre le but qu'elles se sont fixé. Cela exige néanmoins de la discipline et une certaine force de caractère.

Dieu est à la recherche d'hommes et de femmes fidèles, de personnes dignes de confiance qui sont désireuses de collaborer avec Lui pour apporter des réponses et des solutions à nos semblables. Nul besoin de vous dire que de telles personnes sont rares, sinon comment expliquer que le monde aille aussi mal, alors qu'Il a désigné ses enfants comme étant le sel de la Terre et la lumière du monde ? Si chacun manifestait fidèlement ce à quoi Dieu l'a appelé, il est certain que la société serait tout autre. Aussi longtemps que nous ne serons pas trouvés fidèles dans la mission qu'Il nous a confiée, nous aurons une part de responsabilité dans le drame qui est en train de se dérouler sous nos yeux. Chacun de nous est appelé à rendre ce monde meilleur, en manifestant de l'amour les uns envers les autres, mais également en donnant vie à ce que Dieu a déposé en nous.

Quand Dieu trouve une personne fidèle, Il a l'assurance qu'Il peut lui confier ses projets et surtout qu'elle tiendra ses engagements. Malgré les difficultés et les aléas de la vie, elle saura puiser en Lui la force suffisante pour aller jusqu'au bout. En examinant la vie du roi David, nous avons vu que l'un des éléments déterminants qui a amené Dieu à le choisir était le fait qu'Il ait vu en lui un homme qui accomplirait toute sa volonté. Regardons à nouveau le passage : *« J'ai trouvé David, fils d'Isaï, homme selon mon cœur, qui accomplira **toutes** mes volontés. »* (Actes 13:22). J'aimerais attirer votre attention sur l'adjectif indéfini « toutes ». Seules les personnes fidèles parviennent à accomplir **toute** la volonté de Dieu, car beaucoup commencent, mais malheureusement très peu vont jusqu'au bout. Mais l'homme et la femme qui réussissent « le test » et sont trouvés fidèles, sont ajoutés à la liste des personnes sur lesquelles Dieu sait qu'Il peut compter.

Quelques semaines avant d'écrire mon premier ouvrage, le Saint-Esprit me posa la question suivante : « Est-ce que je peux compter sur toi ? ». Pensant qu'il s'agissait de mes propres pensées, je n'ai pas prêté attention au départ, jusqu'à ce que la question se fasse de plus en plus pressante. Je compris à ce moment-là qu'il s'agissait de Dieu. Ne voulant pas répondre directement, je répondis par une autre question : « Pourquoi une telle question ? » Il me dit : « Parce qu'il y a très peu de personnes sur lesquelles je puisse compter. ». Je restai alors silencieux. Je pris un temps de réflexion pour me demander pourquoi Il s'adressait à moi, et surtout où pouvait bien être le piège… Cela peut vous faire sourire, mais je ne voulais pas m'engager sans avoir la certitude de tenir ma parole. Après quelques minutes de réflexion, je finis par dire « oui », mais avec une certaine hésitation. La conversation s'arrêta-là, Il ne me dit plus rien d'autre. Mais deux semaines plus tard, Il me demanda d'écrire le livre : « La révélation des fils de Dieu ». Je compris alors qu'Il m'avait posé cette question pour savoir s'Il pouvait me confier ce projet. À cause de la réponse que j'avais donnée, j'étais désormais lié par ma parole. Étant donné l'ampleur du travail et les problèmes rencontrés, je compris bien plus tard pourquoi Il m'avait posé cette question. Il voulait s'assurer que j'irais jusqu'au bout, et que je ne baisserais pas les bras, même si c'est Lui qui me donnait la capacité d'accomplir sa volonté. Dieu est souverain, Il connaît bien entendu la fin avant le début de notre histoire, mais en nous impliquant dans la prise de décision, Il nous montre au travers de cela que, bien qu'Il soit Dieu, Il a besoin de notre accord et de notre participation.

5 - La fidélité est une preuve de loyauté et une marque de confiance

L'être humain existe pour vivre en communauté et être en relation avec les autres. Le couple, la famille, les amis, l'école, le lieu de travail et la société sont les différents cercles dans lesquels chacun est amené à évoluer à différents stades de sa vie, et à y construire (ou pas) des relations. À chaque nouvelle rencontre, nous décidons nous-mêmes du niveau d'implication que nous souhaitons donner à cette relation naissante. L'authenticité d'une relation dépendra de la proximité que nous développons avec la ou les personnes que nous côtoyons, ainsi que de la place que nous leur accordons dans notre vie. Toute relation dans laquelle nous refusons de nous livrer entièrement restera superficielle, car il ne peut y avoir de vraie interaction sans qu'il y ait un véritable cœur à cœur de part et d'autre. Cela exige d'accepter de se rendre vulnérable et de faire confiance à l'autre, ce qui est de plus en plus difficile de nos jours. En effet, nombre de personnes peinent à faire confiance et à s'ouvrir à l'autre, à cause de blessures intérieures liées à une amitié brisée, une rupture sentimentale, un mensonge ou une trahison qui les a fortement marquées. Très peu se rendent compte que derrière certains sourires se cachent des douleurs profondément ancrées, et que les cicatrices extérieures sont parfois bien légères face aux blessures de l'âme.

L'ami fidèle est une personne précieuse, qui est préférable à tous les objets de valeur et à une multitude de courtisans. Elle vous permet d'être vous-même, car elle vous aime telle que vous êtes, et lorsqu'elle vous reprend, c'est toujours pour votre bien. La fidélité dans les sentiments, dans les engagements, dans la sincérité et dans la disponibilité, est indispensable pour bâtir une relation durable et authentique. La fidélité est l'une des qualités qui plaît tout particulièrement au cœur des hommes et de Dieu, car **elle est une preuve de loyauté et une marque de confiance.** Elle fait partie des neuf attributs du fruit de l'Esprit, comme l'a mentionné l'apôtre Paul dans sa lettre aux Galates : « *Mais le fruit de l'Esprit, c'est l'amour, la joie, la paix, la patience, la bonté, la bénignité, **la fidélité**, la douceur, la tempérance.* » (Galates 5:22-23). Tout chrétien né de nouveau est censé manifester le fruit de l'Esprit, grâce à la présence du Saint-Esprit en lui. Plus il se rapproche de Dieu et Le laisse le transformer, plus il est en mesure de manifester l'amour, la joie, la paix et la fidélité. Aujourd'hui plus que jamais, le monde a besoin d'hommes et de femmes fidèles, de personnes sur lesquelles les gens peuvent compter, car il ne peut y avoir de vraie relation sans confiance.

CONSEIL N°3

Laisser toute sa volonté s'accomplir à travers vous

Chapitre 1
Le roi David, héros selon Dieu

« Le Seigneur promène ses regards sur toute la terre, afin de soutenir ceux qui l'aiment de tout leur cœur. » (2 Chroniques 16:9)

Plusieurs récits de la Bible nous montrent combien l'être humain est attaché à ce qu'il voit. L'un des plus connus étant très certainement celui où Dieu demande au prophète Samuel de se rendre chez Isaï le Bethléhémite, afin d'oindre l'un de ses fils comme futur roi. En arrivant sur place, le prophète demande à Isaï de lui présenter ses fils et lorsqu'il les voit, il se dit aussitôt qu'il doit s'agir d'Éliab, le fils ainé, parce qu'il est grand et beau, et que sa physionomie doit probablement lui rappeler le roi Saül. Dieu l'interrompt dans sa réflexion et lui dit : *« Ne prête pas attention à son apparence et à sa grande taille, car je l'ai rejeté. En effet, l'Éternel n'a pas le même regard que l'homme : **l'homme regarde à ce qui frappe les yeux, mais l'Éternel regarde au cœur**. »* (1 Samuel 16:7). Le fait que la beauté physique du roi Saül, de David et d'Éliab soit précisée à plusieurs reprises dans la Bible nous pousse à nous demander si cela était un critère nécessaire pour être roi. Bien que la Bible ne nous donne pas vraiment d'explications à ce sujet, nous savons néanmoins que les gens sont plus facilement influençables par des personnes pour lesquelles ils ont une certaine attirance.

Humainement parlant, il aurait été logique qu'Éliab soit choisi comme roi, car en tant que fils aîné, il bénéficiait d'un rang et de privilèges supérieurs à ses frères, comme le veut la tradition hébraïque. En effet, à la mort du père, le fils aîné recevait une double portion de l'héritage, ainsi que le titre de chef de famille. De plus, le prénom Éliab signifie « Dieu est un père », ce qui peut laisser supposer qu'il s'agissait probablement d'un homme qui craignait Dieu. Le prophète Samuel se soumet néanmoins à Dieu, et continue de passer en revue les six autres frères, sans toutefois parvenir à trouver parmi eux l'élu de Dieu. Il demande donc à Isaï si tous ses fils sont bien présents, mais celui-ci lui répond que le plus jeune est absent, parce qu'il s'occupe des brebis. Samuel demande qu'on aille le chercher, et dès qu'il le voit, Dieu lui dit aussitôt que c'est lui qu'il a choisi pour roi. Le prophète verse alors l'huile d'onction sur le jeune homme, qui est immédiatement saisi par l'Esprit de Dieu (1 Samuel 16:13).

Réfléchissons à cette histoire quelques instants et essayons de comprendre pourquoi le choix de Dieu s'est orienté vers David plutôt qu'Éliab. Pour mieux saisir son choix, il est indispensable de rappeler le contexte historique de l'époque. Il faut savoir qu'avant d'avoir Saül pour roi, le peuple hébreu était gouverné par des juges. Les juges étaient des chefs chargés d'administrer leur province, ainsi que d'y rétablir l'ordre en cas de crises. Les juges charismatiques tels que Gédéon, Otniel, Jephté, Samson et le prophète Samuel étaient tous revêtus de l'Esprit de Dieu, qui les aidait à mener à bien leur mission. Un beau jour, les anciens d'Israël vinrent trouver le prophète Samuel, qui était le dernier des juges, et lui dirent qu'ils souhaitaient avoir un roi qui les gouverne, comme les autres nations. Samuel consulta Dieu, qui lui répondit : « *Écoute la voix du* *peuple dans tout ce qu'il te dira ; **car ce n'est pas toi qu'ils rejettent, c'est moi qu'ils rejettent, afin que je ne règne plus sur eux**.* » (1 Samuel 8:7). Dieu conduisait son peuple et leur donnait la victoire sur leurs ennemis au travers des juges qu'Il avait établis et investis de son Esprit. En rejetant son mode de gouvernance, le peuple ne rejetait pas seulement Samuel, mais également Dieu. Dieu « accepta » néanmoins leur requête, et demanda au prophète Samuel de consacrer Saül en tant que roi. Regardons la manière dont la Bible le présente : *« Il y avait un homme de Benjamin, nommé Kis, fils d'Abiel, fils de Tseror, fils de Becorath, fils d'Aphiach, fils d'un Benjamite, qui était **<u>un vaillant guerrier</u>. Il avait un fils nommé de Saül ; celui-ci était jeune et beau ; aucun des Israélites n'était plus beau que lui, il les dépassait tous d'une tête**.* » (1 Samuel 9:1-2). Nul doute que Saül devait impressionner par son apparence physique, car l'auteur du livre de Samuel prend bien soin d'appuyer cet aspect une seconde fois dans un autre passage (1 Samuel 10:23). De même, l'expression « vaillant guerrier » servait à décrire les hommes courageux et les héros au combat. Saül, qui était le fils d'un vaillant guerrier, avait lui aussi vraisemblablement hérité de cette qualité, comme nous le prouve la bataille qu'il remporta contre les Ammonites, ainsi que toutes les autres par la suite (1 Samuel 11). Toutefois, malgré ses prédispositions, Saül faillit à son rôle de roi à cause de son caractère, qui le conduisit à détruire finalement sa destinée. Le caractère est l'ingrédient capital dans la vie d'un individu, car de lui dépend directement son succès ou son échec. John Wooden, considéré comme le plus grand coach universitaire de basket-ball américain a dit un jour : *« La capacité peut vous amener au sommet, mais il faut du caractère pour vous y maintenir. ».* Sa longévité en tant qu'entraîneur, son palmarès, son expérience, ses succès, ses échecs, ainsi que les trajectoires des différentes carrières professionnelles de ses anciens élèves lui ont clairement permis d'établir cette constatation. Le talent peut vous amener à accomplir de grandes choses, mais c'est votre caractère qui vous permet de faire les bons ou les mauvais choix, et qui finalement détermine l'orientation que vous donnez à votre existence. Afin de mieux saisir cet aspect, j'aimerais que nous comparions le profil du roi Saül et du roi David, pour bien comprendre pourquoi l'un a échoué et l'autre a réussi.

1 - Le roi Saül

• **Les failles dans le caractère du roi Saül**

Lorsque nous prenons le temps d'examiner la vie du roi Saül[1], nous voyons que plusieurs failles apparaissent quant à son caractère. Je voudrais en mettre en lumière trois, afin de vous aider à mieux comprendre les raisons pour lesquelles cet homme qui avait été choisi par Dieu a bien pu échouer.

- La désobéissance de Saül

Le roi Saül n'hésita pas à désobéir à deux reprises aux recommandations du prophète Samuel. La toute première fois, le prophète Samuel lui demanda de l'attendre sept jours avant qu'il ne le rejoigne et ne lui indique ce qu'il devait faire par la suite (1 Samuel 10:8). Saül attendit sept jours, mais lorsqu'il vit que le prophète tardait à venir et que le peuple commençait à se disperser, il prit la décision d'offrir lui-même un holocauste à Dieu. En arrivant sur place, le prophète eut la mauvaise surprise de constater que Saül lui avait désobéi. Alors qu'il lui demanda des explications, Saül lui répondit :

---

1. L'histoire du roi Saül et du roi David se trouve
dans le livre de 1 Samuel du chapitre 8 à 31.

« Lorsque j'ai vu que le peuple se dispersait loin de moi, que tu n'arrivais pas au terme fixé, et que les Philistins étaient assemblés à Micmasch, je me suis dit : Les Philistins vont descendre contre moi à Guilgal, et je n'ai pas imploré l'Éternel ! C'est alors que je me suis fait violence et que j'ai offert l'holocauste. Samuel dit à Saül : Tu as agi en insensé, tu n'as pas observé le commandement que l'Éternel, ton Dieu, t'avait donné. L'Éternel aurait affermi pour toujours ton règne sur Israël. » (1 Samuel 13:11-13)

En voyant le peuple en train de s'éloigner, Saül prit peur et offrit un holocauste en lieu et place du prophète Samuel. Il n'en fallut pas plus pour que Dieu fasse immédiatement le choix de lui retirer la royauté. Son geste démontrait clairement un manque de fiabilité, car s'il avait été capable de désobéir aussi facilement une première fois, il pourrait le faire à nouveau une seconde fois. C'est d'ailleurs ce qui se produisit, puisque très peu de temps après cet épisode il n'hésita pas à désobéir une seconde fois. En effet, alors que le prophète Samuel lui avait demandé d'exterminer la ville d'Amalek ainsi que tout ce qui lui appartenait, il n'en fit qu'à sa tête en épargnant le roi et les meilleures bêtes. En se rendant sur place, le prophète Samuel constata une seconde fois qu'il lui avait désobéi (1 Samuel 15:13-15). Au lieu de reconnaître simplement sa faute, Saül donna comme explication le fait qu'il avait gardé le meilleur bétail pour l'offrir en sacrifice à Dieu.

Ces deux incidents nous montrent clairement que Dieu ne pouvait plus placer sa confiance en un tel homme, car vu ses responsabilités, ses décisions n'avaient pas seulement des répercussions sur lui, mais sur l'ensemble du peuple. Or, Dieu ne pouvait pas se permettre de prendre un tel risque, car il avait besoin d'une personne sur qui compter pour pouvoir gouverner son peuple et l'amener dans la dimension dans laquelle Il le souhaitait. Lorsqu'une personne est fidèle dans de petites choses, on peut sans crainte lui en confier de plus grandes, mais si elle prend à la légère ses petits engagements, elle agira de même lorsque ses responsabilités augmenteront, comme le dit si bien le verset suivant : *« Celui qui est fidèle dans les moindres choses l'est aussi dans les grandes, et celui qui est injuste dans les moindres choses l'est aussi dans les grandes. »* (Luc 16:10). La particularité de Saül se trouvait dans le fait qu'il avait été propulsé roi sans en avoir démontré la capacité auparavant. Sa réaction face au peuple révélait qu'il n'en avait ni l'expérience ni le caractère, elle dévoilait au grand jour l'état de son cœur.

J'aimerais toutefois attirer votre attention sur les raisons qui l'ont conduit à désobéir, car notre analyse serait incomplète si nous nous arrêtions uniquement à ces deux réactions. En effet, si nous prenons le temps de réfléchir à ce pour quoi il a réagi ainsi, nous nous apercevons que son comportement était principalement guidé par la peur. Dans le premier cas, il s'agissait de la peur de se retrouver seul lorsqu'il se rendit compte que le peuple commençait à se disperser. Sa réaction nous montre que sa confiance était davantage placée dans les hommes que dans Dieu. Son attitude laisse à penser qu'il croyait certainement que sa victoire était liée au nombre de soldats, plutôt qu'à la main agissante et protectrice de Dieu. Dans le second cas, lui et le peuple prirent l'initiative d'épargner le roi ainsi que le bétail. Son agissement nous montre une nouvelle fois la peur, mais cette fois-ci vis-à-vis du peuple. Or, c'était à lui, le roi, de dire au peuple ce que Dieu exigeait de sa part. Au lieu de cela, il se rallia du côté de la majorité, en refusant de prendre clairement position et de leur indiquer quelle était la volonté de Dieu. Comme pour la première fois, le nombre eut raison de lui.

Quand nous prenons le temps de lire attentivement son histoire, nous nous rendons compte que cette peur était bel et bien présente dès le début, puisque lorsque Samuel voulut le consacrer roi, il ne le trouva point parce qu'il s'était caché derrière les bagages (1 Samuel 10:22). Malgré sa stature et ses qualités de combattant, il démontrait un manque de confiance en lui, mais également en Dieu. C'est lorsqu'il fut élevé au plus haut rang que ce trait de caractère entraîna finalement sa chute. S'il avait été éprouvé comme David a pu l'être, il aurait alors appris à placer sa confiance en Dieu seul et non pas en lui ou dans le peuple. La peur n'aurait alors eu plus aucune emprise sur lui et à l'instar de l'apôtre Paul il aurait lui aussi pu dire : *« Si Dieu est pour nous, qui sera contre nous »* ? (Romains 8:31)

Ce constat me pousse à vous poser une question : quel est le trait de caractère qui vous pose problème dans vos relations avec les autres, votre carrière professionnelle, la concrétisation de vos projets, et/ou votre relation avec Dieu ? Sachez que certains traits de caractère ont une telle influence sur notre attitude, qu'aussi longtemps que nous refuserons de les traiter, notre vie semblera comme figée. En effet, non seulement ils peuvent nous empêcher de saisir les bénédictions que Dieu a prévues pour nous, mais ils peuvent également occasionner notre chute, si nous accédions demain à de plus grandes responsabilités, ou à une plus grande renommée.

- **L'orgueil de Saül**

Après avoir remporté plusieurs victoires, le roi Saül décida de s'ériger un monument (1 Samuel 15:12). En agissant ainsi, il imitait les rites des peuples voisins, dont certains considéraient leur roi comme un dieu sur Terre. En apprenant cela, le prophète Samuel lui en fit le reproche, en regrettant qu'il ait perdu l'humilité qu'il avait à ses débuts. Il lui dit : *« Lorsque tu étais petit à tes yeux, n'es-tu pas devenu le chef des tribus d'Israël, et l'Éternel ne t'a-t-il pas oint pour que tu sois roi sur Israël ? »* (1 Samuel 15:17). Saül était devenu orgueilleux, parce qu'il pensait certainement que ses victoires étaient de son propre fait. Son orgueil s'explique également par la peur et le manque de confiance qu'il avait à ses débuts, car désormais il considérait qu'il était devenu quelqu'un d'important.

- La jalousie de Saül

Après avoir vaincu le géant Goliath, David intégra l'armée du roi Saül. Il était très apprécié par le peuple, parce qu'il était à la tête de l'armée, qu'il remportait de nombreuses victoires et que l'Éternel était avec lui. Un beau jour, en rentrant de bataille, les femmes improvisèrent un chant en son honneur : *« Saül a frappé ses mille, et David ses dix mille. »* (1 Samuel 18:7-8). À partir de ce jour, Saül vit d'un très mauvais œil la popularité de David, et il n'en fallut pas plus pour que la jalousie gagne son cœur. Dès lors, il ne le voyait plus comme un frère d'armes, mais comme un rival. Sa rancœur prit une telle ampleur qu'il finit par le haïr, et chercha à le tuer à plusieurs reprises.

• Conclusion sur Saül

Ce rapide survol de la vie du roi Saül nous a permis de mieux saisir qui il était, et de comprendre les raisons qui l'ont finalement amené à échouer. Ainsi, nous comprenons mieux pourquoi les critères de sélection du prochain roi devaient être différents de ceux du roi Saül. Ceux-ci ne seraient plus basés seulement sur sa physionomie, son charisme et ses qualités de dirigeant, mais également et surtout sur son état de cœur. Dieu avait besoin de trouver un cœur dans lequel Il était certain d'avoir la première place, afin que les ambitions qu'Il avait pour son peuple puissent voir le jour au travers de cette personne. Il trouva les qualités qu'Il recherchait en la personne d'un jeune berger, du nom de

David. Celles-ci n'étaient peut-être pas visibles à première vue pour les personnes qui s'attachent à ce qui frappe le regard et attire l'attention, mais Celui qui sonde les cœurs et les reins (Jérémie 17:10), perçut en lui les caractéristiques tant recherchées. Personne n'aurait parié une pièce sur ce jeune homme, pas même son père et ses frères qui n'avaient pas jugé nécessaire de penser à lui lors de l'invitation du prophète Samuel. C'est pourquoi j'aimerais vous montrer ce que David avait de si particulier pour que Dieu voie en lui un homme selon son cœur.

2 - David : un type de héros selon Dieu

Après quatre cent trente ans d'esclavage en Égypte, quarante ans dans le désert, plusieurs batailles pour conquérir la Terre promise, des périodes tantôt de paix et de guerre avec ses voisins, notamment à cause de leur désobéissance envers Dieu, le peuple d'Israël tardait toujours à entrer dans le grand projet que Dieu avait prévu pour lui. Son souhait était que son peuple devienne une grande nation pour influencer les peuples aux alentours et les amener à sa connaissance, afin d'être une référence dans la région sur le plan économique, politique, culturel et religieux. Pour mener à bien ce projet d'envergure, il était nécessaire que son peuple lui obéisse, afin de pouvoir jouir des bénédictions qu'Il avait en réserve pour lui, et c'est précisément en cela que Saül échoua. Il lui fallait donc un homme dont le cœur lui était totalement soumis, afin que sa volonté puisse s'accomplir parfaitement au travers de lui. Toutefois, ce type de profil semble tellement rare, que Dieu fut obligé de se mettre à sa recherche, comme nous le voyons dans cet échange entre le prophète Samuel et le roi Saül, lorsque Samuel annonça à Saül que Dieu l'avait désavoué : « *Le Seigneur **s'est cherché** un homme **selon son cœur**, et le Seigneur l'a institué chef sur son peuple, **parce que tu n'as pas observé** ce que le Seigneur t'avait ordonné.* »

(1 Samuel 13:14). Un verset similaire dans le livre des Actes ajoute un détail, mais qui n'est pas des moindres, voici ce qu'il est dit : « *J'ai trouvé David, fils d'Isaï, **homme selon mon cœur, qui accomplira toutes mes volontés**. »* (Actes 13:14).

Quand nous regardons ces deux versets, il apparaît clairement que **l'élément principal que Dieu recherche chez une personne est son cœur**. Étant donné que son choix s'est porté sur David, nous pouvons légitimement nous demander ce que ce jeune homme avait de si spécial pour que Dieu puisse s'intéresser à lui. La comparaison des deux versets nous donne un élément de réponse. Dans le premier, Dieu rejette Saül à cause de sa désobéissance, et dans le second nous voyons que l'élément principal qu'Il recherche chez une personne est précisément son obéissance. Faire la volonté de Dieu est l'un, sinon LE critère indispensable pour Lui plaire véritablement. Bien que David ne soit pas parfait, il tâchait de faire la volonté de Dieu. Regardons un peu plus en détail ce qui le caractérisait.

- **La personnalité de David**

La vie du roi David occupe une place assez importante dans l'Ancien Testament, puisqu'elle couvre les deux livres du prophète Samuel. En les lisant, on y apprend comment ce simple berger, le dernier d'une fratrie de sept frères, fut choisi pour être roi, à la surprise de tous. Nous ne connaissons pas son âge exact à ce moment-là, mais nous savons que plusieurs années, probablement plus d'une dizaine se sont écoulées avant qu'il accède au trône, à l'âge de 30 ans. Durant tout ce temps, David passa par différentes phases qui lui permirent de forger son caractère, d'affermir sa relation avec Dieu et de s'entourer de personnes de confiance. À l'inverse du roi Saül qui devint roi instantanément, ces années de transition le préparèrent à assumer ses futures fonctions royales. C'est la raison pour laquelle il réussit en tant que roi, et que durant son règne Dieu put faire de son peuple une nation. Plusieurs évènements forts caractérisent sa vie et expliquent qui il était, et surtout la personne qu'il est devenu.

En voici quelques-uns :

- Sa victoire contre le géant Goliath témoigne de son courage et de sa détermination. (1 Samuel 17)

- Les nombreux combats qu'il a remportés révèlent son habileté à se battre et sa stature de chef militaire. (1 Samuel 18:5, 12-16)

- Son amitié avec Jonathan révèle sa fidélité et sa droiture. (1 Samuel 20)

- Son respect indéfectible envers Saül, alors même que celui-ci a essayé à plusieurs reprises de le tuer, et bien que David en ait eu lui aussi l'occasion, démontre sa loyauté et son intégrité. (1 Samuel 19:11, 19-24 ; 24:5-8)

- Sa capacité à rallier ses frères à sa cause, ainsi qu'à transformer de simples créanciers et des gens mécontents en de vaillants héros, démontrent son influence et sa capacité de leadership. (1 Samuel 22:1-2 ; 23:8-39)

- Sa tendance à toujours consulter Dieu avant de faire un choix important révèle son entière soumission à Dieu.

- Son désir de vouloir construire un temple pour Dieu nous prouve son amour et son cœur envers l'Éternel. (2 Samuel 7)

Comme nous l'avons vu plus tôt, c'est le Saint-Esprit qui lui a donné la capacité de relever tous ces défis. Bien qu'il soit un homme selon le cœur de Dieu, il faut se rappeler que David était un être humain et qu'il était imparfait. Comme tout un chacun, il a lui aussi commis des erreurs, dont en voici quelques-unes, afin d'ôter tout complexe qui aurait pu prendre place dans votre cœur, alors que vous étiez en train de lire son histoire :

- Le transport de l'Arche de l'Alliance à Jérusalem : David fit mettre l'Arche de l'Alliance sur un char, et lui et son peuple marchèrent en direction de Jérusalem. Durant le trajet, Uzza toucha l'Arche de l'Alliance afin de la retenir et de l'empêcher de tomber. Bien que son geste fût bienveillant, la colère de l'Éternel s'abattit sur lui et il mourut, parce que le transport de l'Arche était réservé exclusivement aux lévites. (2 Samuel 6)

- Le dénombrement de l'armée d'Israël : David décida un beau jour de comptabiliser le nombre de ses soldats. Sa décision provoqua la colère de Dieu, car cela signifiait implicitement que David comptait davantage sur leur nombre, que sur le fait que l'Éternel était à leurs côtés. (2 Samuel 24)

- L'adultère avec Bath-Schéba : David était au palais, tandis que son armée était partie au combat. Un soir, il vit une femme se baigner seule. Il la fit appeler et coucha avec elle. Il s'agissait de la femme d'Urie, l'un de ses soldats. Lorsqu'il apprit qu'elle était tombée enceinte, il demanda à ses officiers de placer son mari au plus fort du combat. Urie se fit tuer pendant la bataille. (2 Samuel 11)

- **Un cœur de berger**

Dieu choisit David, un simple berger, parce qu'Il lui fallait une personne capable de prendre soin de son peuple. Ses qualités et son cœur plurent à Dieu, car Il ne recherchait pas seulement un dirigeant charismatique, un vaillant guerrier, mais également un homme qui prenne soin de son peuple et qui craigne Son Nom. Le choix d'un berger n'est donc pas si anodin que cela pourrait sembler au premier abord, comme nous le montre le verset suivant : *« Le Seigneur a choisi aussi David son serviteur, il est allé le chercher dans l'enclos des moutons. Il l'a pris au milieu du troupeau.* ***Il a fait de lui le berger du peuple de Jacob, d'Israël,*** *le peuple qui lui appartient.* ***David a conduit ce peuple avec un cœur parfait, il l'a guidé avec sagesse.*** *»* (Psaumes 78:70-72). En devenant roi, David devint le berger du peuple d'Israël. Le temps passé derrière les brebis de son père l'avait en quelque sorte préparé à s'occuper plus tard d'un peuple immense. Il n'est d'ailleurs pas le seul dans ce cas-là. Rappelons qu'après avoir tué un Égyptien, Moïse fuit dans le désert où il y resta quarante ans en tant que berger. Moïse qui avait été élevé au palais de Pharaon, et qui avait bénéficié de l'éducation d'un prince, passa lui aussi par « l'école des bergers », où il y apprit l'humilité, la patience, et le service. Ce sont ces qualités qui lui permirent de s'occuper d'un peuple aussi important et rebelle. Le berger revêt une symbolique très forte dans la Bible, puisque Jésus se définit Lui-même comme étant le bon berger, et celles et ceux qui font le choix de le suivre deviennent ses brebis (Jean 10:11). Le rôle du roi David et de Moïse dans l'Ancien Testament est primordial, car ils représentent d'une certaine manière le Messie à venir. Ces deux hommes n'étaient certes pas parfaits, mais le Messie à venir serait en toutes choses parfait. Regardez la similitude entre ces deux versets, dont le premier présente David et le second Jésus-Christ :

<u>**David :**</u>

« (...) J'ai trouvé David, fils d'Isaï, homme selon mon cœur, ***qui accomplira toutes mes volontés****. »* (Actes 13:22)

<u>**Jésus :**</u>

« Alors j'ai dit : Voici, je viens dans le rouleau du livre ***il est question de moi pour faire, ô Dieu, ta volonté****. »* (Hébreux 10:7)

Une fois de plus, nous voyons que l'un des éléments majeurs qui caractérisent un homme ou une femme selon le cœur de Dieu est le fait de vouloir faire la volonté de Dieu. En venant sur la Terre, Jésus fit également le choix de se soumettre totalement à Dieu, et de faire non sa volonté, mais celle de son Père.

• La relation de David avec Dieu en sept points

Le livre des Psaumes est considéré par beaucoup comme l'un des plus beaux livres de la Bible. Le roi David qui en est le principal auteur nous dévoile la grandeur de Dieu, sa puissance, son amour, sa sagesse, sa créativité, sa fidélité, sa droiture, sa bonté et sa protection. Il nous montre également plusieurs facettes du roi David, qui apparaît tantôt comme un adorateur, un guerrier rempli de courage, mais également comme un homme faible, angoissé, abandonné et persécuté. Ce livre prophétique nous montre à la fois la grandeur et la puissance de Dieu, mais également l'être humain sous tous ses aspects. Une chose indéniable qui en ressort est la relation intime que le roi David avait développée avec l'Éternel. David était totalement dépendant de Dieu, qui le fit sortir de derrière les troupeaux, l'établit comme roi, lui donna la victoire sur tous ses ennemis, et rendit son nom grand sur la Terre. David était tellement reconnaissant envers Dieu, et il avait un tel amour pour Lui, qu'Il décida un jour de

Lui construire un temple (1 Samuel 7). Dieu fut particulièrement touché par cette attention, mais Il lui dit par l'intermédiaire du prophète Nathan que ce n'était pas lui qui construirait le Temple, parce que ses mains étaient couvertes du sang de la guerre, mais son fils Salomon. Regardons quelques aspects de cette relation très forte qui existait entre le roi David et Dieu, et pourquoi Dieu le considérait comme étant un homme selon son cœur. Cela nous aidera ainsi à mieux comprendre ce que Dieu aimerait voir en chacun de nous.

1. David était un véritable adorateur :
« Ô Dieu ! Tu es mon Dieu, je te cherche ; Mon âme a soif de toi, mon corps soupire après toi, dans une terre aride, desséchée, sans eau. Ainsi je te contemple dans le sanctuaire, pour voir ta puissance et ta gloire. » (Psaumes 63:1-3)

2. David était un homme de prière :
« Je devance l'aurore et je crie ; J'espère en tes promesses. » (Psaumes 119:147)

3. David aimait méditer la Parole de Dieu :
« Ta parole est une lampe à mes pieds, et une lumière sur mon sentier. » (Psaumes 119:105)

4. David avait l'habitude de consulter Dieu :
« David consulta l'Éternel en disant : 'Dois-je y aller ? Est-ce que je battrai ces Philistins ?' L'Éternel lui répondit : 'Vas-y, tu battras les Philistins et tu délivreras Keïla.' » (2 Samuel 23:2)

5. David avait conscience de la prescience de Dieu :
« Tu sais quand je m'assieds et quand je me lève, tu pénètres de loin ma pensée ; Tu sais quand je marche et quand je me couche, et tu pénètres toutes

mes voies. Car la parole n'est pas sur ma langue, que déjà, ô Éternel ! Tu la connais entièrement. » (Psaumes 139:1-3)

6. David avait conscience de l'importance du Saint-Esprit :

« Où irais-je loin de ton esprit, Et où fuirais-je loin de ta face ? Si je monte aux cieux, tu y es ; Si je me couche au séjour des morts, t'y voilà. Si je prends les ailes de l'aurore, Et que j'aille habiter à l'extrémité de la mer, là aussi ta main me conduira, Et ta droite me saisira. » (Psaumes 139:1-3)

7. David avait Dieu pour protecteur :

« Éternel, mon rocher, ma forteresse, mon libérateur ! Mon Dieu, mon rocher, où je trouve un abri ! Mon bouclier, la force qui me sauve, ma haute retraite ! » (Psaumes 18:1)

- **Pour conclure**

Lorsque nous comparons l'histoire du roi David avec celle du roi Saül, nous voyons apparaître deux types de profils. Saül symbolise en quelque sorte les hommes et les femmes de pouvoir, qui aiment utiliser leur position pour privilégier leurs intérêts personnels. Beaucoup accèdent à des positions élevées avec de bonnes intentions, mais séduits par les fastes du pouvoir, ils finissent par oublier leurs engagements. Saül commença avec Dieu, mais il termina malheureusement sans Lui. David en revanche, représente les personnes qui cherchent avant toute chose à faire la volonté de Dieu. Malgré ses faiblesses, Dieu le considéra tout de même comme un héros, comme nous pouvons le voir dans ce verset :

> *« Alors tu parlas dans une vision à ton bien-aimé, et tu dis : **J'ai prêté mon secours à <u>un héros</u>**, J'ai élevé du milieu du peuple un jeune homme ; **J'ai trouvé** David, mon serviteur, Je l'ai oint de mon huile sainte. Ma main le soutiendra, et mon bras le fortifiera. »* (Psaumes 89:19-22).

N'est-ce pas quelque chose d'extraordinaire que d'être appelé « héros » par Dieu Lui-même ? Si Dieu le qualifia ainsi, ce n'est pas seulement à cause de ses nombreuses victoires, car c'est Dieu qui lui donnait la domination sur ses ennemis, mais plutôt à cause de son cœur et de son obéissance. En effet, la chose principale qui intéresse Dieu chez un homme et une femme est son obéissance, car elle est un signe qu'Il est vraiment le maître de leur vie.

Chapitre 2
Avoir la bonne perspective

« Pensez à ce qui est en haut,
et non à ce qui est sur la terre. »
(Colossiens 3:2)

Allongé sur son lit, Marc s'efforce de garder les yeux ouverts. Son épouse, ses trois enfants et leurs conjoints, ainsi que leurs enfants et quelques amis proches sont présents. Bien qu'ils se soient tous préparés, ils parviennent néanmoins difficilement à cacher leur émotion. Marc les regarde avec tendresse, puis d'une voix à peine audible, mais qui semble résonner dans toute la pièce tant le silence est pesant, il leur dit dans un soupir : « Au revoir ». Alors que ses yeux se ferment lentement, tout le monde comprend que ce qu'ils redoutaient le plus vient de se produire. Les larmes ruissellent sur les visages, chacun se prend dans les bras, et son épouse éclate en sanglots. Marc vient de les quitter. Il vécut une vie heureuse, et partit entouré de ceux qu'il aimait. Alors que l'émotion est au plus fort, personne ne se doute un instant de ce qui se trame de l'autre côté. L'esprit de Marc vient de quitter son corps, et est aspiré à une vitesse supérieure à celle de la lumière, vers sa destination finale. Son enveloppe charnelle est étendue sur le lit, mais son corps spirituel est propulsé vers un lieu qui lui est totalement inconnu. Sa course ralentit peu à peu, alors qu'une force l'attire vers une lumière éblouissante. À mesure qu'il s'en rapproche, une forte angoisse commence à le saisir, tellement il se sent indigne de la pureté qui en émane. Il finit par s'immobiliser, et voit tout à coup sa vie défiler devant lui dans les moindres détails, du jour de sa naissance jusqu'à celui de sa mort. Cartésien et athée convaincu, Marc se rend compte qu'il y a une vie après la mort. Sans qu'il sache en expliquer la raison, il sait au plus profond de lui que les valeurs qui ont dirigé sa vie sont radicalement opposées à celles qui dominent dans ce lieu, tellement elles semblent parfaites et immuables. L'effroi le saisit tout à coup, lorsqu'il comprend quelle sera sa destination finale.

Cette histoire nous rappelle que nous aurons tous un jour ou l'autre à comparaître devant le Créateur et que chacun de nous devra à ce moment-là Lui rendre des comptes. Tout ce qui aura dirigé notre vie, conduit nos pensées, nos paroles et nos actions, sera alors confronté à la sainteté de Dieu. L'importance que nous donnions à notre travail, notre belle maison, notre position sociale, nos projets, nos voyages, nos biens matériels paraîtra tout à coup bien futile face à Sa réalité. Nombreux sont ceux qui réaliseront à ce moment précis que tout ce qui occupait la première place dans leur cœur, avait pris celle qui Lui était normalement réservée. Beaucoup essaieront de présenter leurs bonnes actions pour justifier du fait qu'elles sont de bonnes personnes, mais seule la révélation des intentions cachées de leur cœur permettra de qualifier si leurs actes sont dignes d'approbation de la part de Dieu ou pas. Le plus important aux yeux de Dieu n'est pas tant ce que nous faisons, mais plutôt la personne que nous sommes. Ce n'est pas à l'être humain de définir ce qu'il considère comme étant bon ou mauvais, bien ou mal, mais c'est à Dieu. Car, de même qu'un bon arbre porte de bons fruits, un mauvais arbre ne peut forcément en donner que de mauvais.

Que pouvait bien penser la trentaine de chefs d'État réunis aux obsèques de l'ancien président de la République Jacques Chirac, le 30 septembre 2019 ? En regardant son cercueil, dans cette église de Saint-Sulpice, que pouvaient-ils bien se dire ? Lors de son homélie, l'archevêque de Paris n'a pas manqué de rappeler que tous les hommes étaient égaux face à la mort. Le prêtre anglican John Wesley a dit un jour : *« Je ne considère les choses que par le prix qu'elles obtiendront dans l'éternité. »* Aussi longtemps que nous sommes sur la Terre, il est capital de toujours bien garder en tête quelle est la réelle priorité des choses, ainsi que leur importance, et ce non d'un point de vue humain, mais plutôt avec une perspective venant de Dieu. En effet, ce qui peut nous sembler important aujourd'hui nous paraîtra bien futile une fois que nous serons passés de l'autre côté, si nous n'avons pas su avoir la bonne perspective. À ce moment-là, nous ne manquerons pas de regretter la manière dont nous avons vécu et avons priorisé certaines choses.

En France, l'espérance de vie est de 80 ans en moyenne pour les hommes et de 85 ans pour les femmes. Cette durée, aussi longue soit-elle, n'équivaut même pas à la taille d'un grain de poussière comparé à l'étendue de l'univers. Lorsqu'une personne vieillit et qu'elle voit apparaître les toutes premières rides sur son visage, elle se rend compte à ce moment-là combien le temps passe vite et à quel point il est précieux. Le Créateur a ouvert le chapitre de l'humanité avec ces deux premiers mots : « Au commencement ». Ainsi, tout être humain est soumis à l'horloge de Dieu, jusqu'au moment où il quitte la Terre pour entrer dans l'éternité. Certains parviennent à atteindre l'âge qu'Il avait déterminé pour eux, tandis que d'autres quittent prématurément la Terre, à cause d'un évènement dramatique qui leur a volé leurs années. Les secondes, les minutes, les heures, les semaines, les mois et les années perdent leur toute-puissance face à l'infini, car leur rôle ne se limite qu'à notre espace temporel. Il est essentiel de comprendre le pouvoir du temps, afin de bien choisir la manière dont nous en jouissons, car nul ne peut l'arrêter, ni même le ralentir. Mais chacun doit être conscient que la personne qu'elle devient entre « sa naissance » et « sa mort » déterminera à coup sûr le lieu où elle passera « son éternité ».

Quand on est jeune, on se croit immortel : Je suis beau, je suis belle, la jeunesse éternelle. Quelle que soit la beauté, elle finit tôt ou tard par perdre de son éclat. À l'image de la fleur, la jeune fille qui aimait jouer de sa beauté finit elle aussi par se faner quand arrive la fin de sa saison. Elle qui prenait plaisir à voir les garçons se retourner sur son passage, peine dans son vieil âge à en trouver un qui veuille bien l'aider à porter ses lourdes courses. L'homme hautain et méprisant finit ses vieux jours avec pour seule compagnie la solitude, son caractère exécrable ayant fait fuir les rares personnes qui l'entouraient. Les richesses qu'arboraient fièrement les grands de ce monde, symboles de leur succès et de leur position sociale, deviennent bien futiles lorsque le plaisir qu'elles procuraient n'est plus et qu'arrive enfin la fin de leur existence. Ainsi va la vie. Les choses terrestres ne durent qu'un temps, seuls les souvenirs peuvent suivre l'être humain jusque dans son éternité. Certains lui procureront une grande joie, une fierté. D'autres à l'inverse, des regrets, de la tristesse, voire même une indescriptible angoisse. Il n'y a rien de pire pour l'être humain que les regrets, les : « Si seulement » et les : « Pourquoi ? ». « Si seulement j'avais su ! », « Pourquoi n'ai-je pas écouté ? », « Pourquoi ne lui ai-je pas dit : je t'aime ? », « Pourquoi ai-je refusé la main tendue de Dieu vers moi ? ». Voici quelques-unes des phrases qui hantent certains lorsqu'ils parviennent à leur destination finale, ou qu'une situation imprévue vient dérober leur joie et détruire leurs certitudes.

Tous les êtres humains auront un jour à se présenter devant Dieu. Lorsque nous nous retrouverons face à Lui, le souvenir de tout ce que nous avons vécu nous reviendra immédiatement à la mémoire. Sans même qu'Il n'ait besoin de dire un mot, nous aurons instantanément conscience de notre état. Sa réalité deviendra soudainement la nôtre, et tout ce qui avait été déformé par le système humain et que nous avions assimilé comme étant vrai sera alors confronté à Sa vérité. Les convictions personnelles de beaucoup seront tellement ébranlées, qu'ils auront l'espace d'un court instant, le sentiment que la vie qu'ils ont vécue n'était peut-être finalement qu'un rêve. Le contexte dans lequel ils ont vécu toute leur vie a déterminé leur conscience de la réalité, mais à ce moment-là, la révélation qu'ils auront sera tellement supérieure à tout ce qu'ils ont connu auparavant, qu'ils se demanderont comment ils ont fait pour ne pas en avoir eu connaissance plus tôt. Un nombre incalculable de personnes se retrouvera alors face à la plus grande désillusion qu'elles n'aient jamais connue. Beaucoup refuseront d'assumer leur responsabilité et rejetteront la faute sur les autres, en reprochant aux institutions, aux scientifiques, à la société et à l'État de leur avoir selon eux caché la vérité. Leurs accusations seront rapidement balayées, lorsque leur reviendra le souvenir de toutes les occasions qui se sont présentées à elles, mais qu'elles n'ont jamais su saisir. D'autres seront en colère contre eux-mêmes, en se rappelant qu'un voisin, qu'une collègue, qu'un ami ou qu'une inconnue dans la rue leur en avait parlé, mais qu'ils n'y avaient prêté aucune attention, à cause de leurs certitudes qui les empêchaient de croire. À ce moment-là, tout ce sur quoi ils avaient bâti leur vie s'effondrera en un instant, tel un château de cartes. Une frayeur et un fort sentiment de culpabilité envahira leur être tout entier en réalisant qu'ils sont complètement passés à côté. D'autres à l'inverse, seront submergés par un bonheur immense en voyant enfin ce en quoi ils avaient placé tous leurs espoirs. Le rejet et les moqueries n'étaient finalement rien face à la gloire qui les attend désormais.

À force de constamment fixer notre attention sur les choses d'en bas, nous risquons d'oublier de regarder vers le ciel, sauf pour en admirer son étendue bleu turquoise. Beaucoup de gens sont éblouis par la beauté de l'arc-en-ciel, mais très peu savent qu'il est le signe d'une alliance faite par Dieu avec les hommes. Ce symbole qui apparaît seulement de temps à autre, sert pourtant à nous rappeler que bien qu'étant sur la Terre, il existe également une autre réalité. Il y a deux mondes : le premier est naturel et le second est spirituel, l'un est visible et l'autre est invisible. Très peu de gens en ont conscience, car la société a délibérément choisi de mettre Dieu à la porte, en l'occultant des livres scolaires et en l'écartant de notre construction en tant qu'individu. L'émotion suscitée par l'incendie de la cathédrale Notre-Dame, qui a eu lieu le 15 avril 2019 en pleine période de Pâques, nous a pourtant montré à quel point le côté spirituel résonne dans le cœur des Français, dès lors qu'un édifice qui sert à le représenter est touché. L'information a fait le tour du monde, poussant des milliers de gens à se recueillir devant la cathédrale ou dans les églises, car le besoin de communier ensemble était plus fort que tout. Croyants, comme non-croyants, étaient affectés par cette triste nouvelle. Un court instant, des millions de Français ont levé leurs yeux vers le ciel, avant de retourner de nouveau à l'agitation de leur quotidien. Qu'est-ce que cet évènement nous révèle ? Il nous rappelle que chaque chose a une fin, mais que la nécessité de se connecter avec le Créateur demeure infiniment dans le cœur de l'être humain. Ce besoin qui semble totalement absent quand tout va bien refait pourtant surface chaque fois qu'un évènement particulier vient ébranler nos certitudes. Cela nous prouve qu'il n'est finalement pas si loin, mais qu'il est étouffé par les préoccupations du monde moderne. L'approche que les uns et les autres peuvent avoir de Dieu et de la vie en général n'est finalement qu'une question de perspective, et celle-ci dépend du fait que nous ayons reçu la révélation de Dieu ou pas.

1 - Comprendre le monde spirituel et discerner les esprits

Comprendre le monde spirituel nous permet de mieux appréhender la société dans laquelle nous vivons. La Bible nous enseigne qu'il existe deux mondes, le monde visible et le monde invisible : *« Par la foi, nous comprenons que l'univers a été harmonieusement organisé par la parole de Dieu, et qu'ainsi le monde visible tire son origine de l'invisible. »* (Hébreu 11:3). Le monde visible a été créé à partir du monde invisible, de sorte que le monde invisible existait avant le monde visible. La Bible ne nous dit pas grand-chose concernant cet univers caché aux sens physiques. Nous savons néanmoins qu'à l'image du monde physique, le monde spirituel est lui aussi régi par des lois. Le monde spirituel se compose des anges de Dieu, mais également des anges déchus que l'on appelle communément des démons. Les anges de Dieu sont habilités à intervenir dans « les affaires des hommes », notamment en direction des chrétiens nés de nouveau. À plusieurs reprises dans la Bible, nous voyons des anges apporter un message spécifique à certaines personnes, assurer leur protection ou combattre en faveur des hommes et des femmes de Dieu (cf. Daniel 10:13). Les anges sont chargés d'exercer un ministère envers les saints :

> *« Et auquel des anges a-t-il jamais dit : Assieds-toi à ma droite, jusqu'à ce que je fasse de*

tes ennemis ton marchepied ? Ne sont-ils pas tous des esprits au service de Dieu, envoyés pour exercer un ministère en faveur de ceux qui doivent hériter du salut ? »
(Hébreu 1:13-14)

La Bible dit également que : « *L'ange de l'Éternel campe autour de ceux qui le craignent, et il les arrache au danger.* » (Psaumes 34:7). Ainsi, nous savons qu'il y a au moins un ange aux côtés de celles et ceux qui craignent Dieu. Certains, en fonction de leur ministère et de la dimension spirituelle dans laquelle ils évoluent, peuvent avoir plusieurs anges qui leur sont attribués. Les anges sont à nos côtés pour nous protéger, mais également pour nous aider à accomplir la mission que Dieu nous a confiée.

Un jour, un pasteur nous a raconté une histoire pour nous expliquer l'importance du parler en langues[1], et le fait que cela pouvait dans certains cas activer le ministère angélique. Un soir, après une réunion de prière, une jeune femme rentrait chez elle en mobylette, quand une voiture lui a coupé la route et s'est arrêtée brusquement devant elle. Quatre hommes sont sortis du véhicule et se sont dirigés vers elle. Alors qu'ils s'approchaient d'elle, ils se sont arrêtés soudainement comme s'il semblait y avoir quelque chose derrière elle. Pris de panique, ils se sont précipités vers leur voiture et sont partis à toute vitesse. La jeune femme s'est retrouvée seule, et il n'y avait rien derrière elle. Au même moment, le pasteur qui avait dirigé la réunion de prière était arrivé chez lui, et alors qu'il s'apprêtait à dîner, le Saint-Esprit l'a poussé à prier en langues,

---

1. Le parler en langues est un don spirituel qui est reçu lors du baptême du Saint-Esprit. Nous verrons un peu plus loin dans ce chapitre ce dont il s'agit exactement.

pendant une vingtaine de minutes environ. Il n'a pas très bien compris quelle en était la raison, mais c'était plus fort que lui. Le lendemain, alors qu'il était à l'église, un frère est venu le voir et lui a expliqué que lors de la soirée en rentrant chez lui, il a été poussé à parler en langues. Ils se sont rendu compte qu'ils avaient tous deux prié au même moment. Puis, la jeune femme est entrée dans l'église et leur a raconté l'anecdote vécue la veille au soir. Les deux hommes ont alors compris que Dieu les avait utilisés pour prier, et que des anges avaient été libérés pour la secourir, d'où la frayeur qui les avait soudainement saisis.

Les démons interviennent eux aussi dans les « affaires des hommes », non pas pour les servir, mais pour les détruire. Tous les êtres humains, qu'ils soient croyants ou non, sont protégés des forces démoniaques par les lois spirituelles que Dieu a établies. Les démons ne peuvent pas atteindre un homme ou une femme qui se soumet aux principes de Dieu. En revanche, toute personne qui les transgresse, de manière consciente ou inconsciente, s'expose à des attaques sataniques.

Quelles sont les choses qui peuvent ouvrir des portes spirituelles démoniaques et donner libre accès au diable dans la vie d'une personne, me direz-vous ? Elles sont tellement nombreuses qu'il faudrait un livre entier pour les décrire, mais en voici quelques-unes : l'occultisme, l'ésotérisme, la sorcellerie, la magie, la voyance, le yoga, l'idolâtrie, certains objets consacrés, certains parfums, certains livres, certains films, certaines musiques, certaines pratiques sexuelles, l'appartenance à des sociétés secrètes sataniques, toutes les pratiques qui font appel aux forces et aux énergies spirituelles, etc. L'obéissance aux lois et aux principes de Dieu permet de protéger les individus, et de ne donner aucune occasion au diable et à ses démons d'entrer dans notre vie et de la détruire. Si Dieu exige notre obéissance, c'est parce qu'Il souhaite nous protéger et garantir notre bonheur. Beaucoup considèrent que la Bible est un livre désuet, en décalage total avec notre temps. Ils préfèrent vivre « librement », sans aucune contrainte, jusqu'au jour où ce semblant de liberté se referme sur eux telle une prison. Volontairement ou pas, ils ont enfreint un principe spirituel et ont donné un billet d'entrée à un démon qui, après leur avoir parfois procuré un plaisir illusoire, finit par devenir leur pire tortionnaire.

Lucifer, qui signifie ange de lumière, est le nom que portait Satan avant qu'il ne se révolte contre Dieu, et ne soit expulsé du ciel avec un tiers des anges qui étaient sous sa gouvernance (Apocalypse 12:4). Depuis ce jour, son principal objectif est de détruire la création de Dieu. Les démons, que la Bible appelle aussi esprits impurs, sont les anges déchus qui ont été éjectés du ciel avec Lucifer. Ce sont des êtres spirituels qui n'ont pas de corps, et ne peuvent interagir sur la Terre. Or, il est nécessaire d'avoir un corps physique pour agir dans le monde physique. L'être humain est également esprit, mais il a quant à lui une âme et il dispose d'un corps. Le corps humain est un élément précieux aux yeux des démons, car s'ils parviennent à s'en emparer, cela leur donne une « existence physique » sur la Terre. C'est la raison pour laquelle les démons essaient par tous les moyens d'entrer dans le corps des êtres humains ou des animaux. Leur but est non seulement de détruire les individus, mais également de pouvoir interagir avec le monde physique. Dans le troisième livre de la Genèse, nous voyons que Satan est entré dans le corps d'un serpent, parce qu'il avait besoin d'un corps physique pour matérialiser sa pensée et parler à Ève. Dieu avait dit à l'Homme : « *Reproduisez-vous, devenez nombreux, remplissez la terre et soumettez-la ! Dominez sur les poissons de la mer, sur les oiseaux du ciel et sur tout animal qui se déplace sur la terre !* » (Genèse 1:28). En obéissant à Satan, Adam et Ève ont cru à ses paroles, et se sont placés de fait sous son autorité. C'est ainsi qu'ils ont perdu la gouvernance de la Terre, en la cédant au diable qui est devenu à partir de ce jour le dieu de ce monde. C'est pourquoi, après que Jésus a jeûné quarante jours et quarante nuits dans le désert, le diable est venu le tenter en lui disant : *« Je te donnerai toute cette puissance, et la gloire de ces royaumes ; **car elle m'a été donnée**, et je la donne à qui je veux. »* (Luc 4:6)

Pour mener à bien leurs actions, les esprits impurs ont besoin d'entrer dans un corps, afin de gouverner l'individu de l'intérieur, et agir ainsi sur la Terre à travers lui. Ils peuvent également agir de l'extérieur en influençant ses pensées, de sorte qu'il les accepte en pensant que ce sont les siennes, et qu'il accomplisse ainsi sans même le savoir la volonté d'un ou plusieurs démons. Lorsqu'un démon possède l'esprit d'un individu, il s'agit généralement de ce que l'on appelle une possession démoniaque. Quand un démon agit à l'intérieur d'un corps, mais ne possède pas son esprit, nous parlerons plutôt de démonisation, ou d'oppression démoniaque. Un chrétien né de nouveau ne peut être possédé, parce que son esprit appartient à Dieu, et qu'il est le lieu d'habitation du Saint-Esprit. Un non-croyant en revanche, peut être victime d'une possession démoniaque, en fonction de l'accès qu'il a accordé à un ou plusieurs démons, de manière consciente ou inconsciente. Il peut aussi s'agir dans certains cas d'esprits familiers, c'est-à-dire d'esprits impurs qui agissent sur toute une famille de génération en génération.

J'aimerais partager avec vous deux histoires, afin d'illustrer mes propos. La première vous permettra de mieux saisir le monde spirituel démoniaque, si vous aviez encore des doutes quant à l'existence de ces esprits impurs. La seconde vous montrera combien il faut être de plus en plus vigilant de nos jours, dans certains de nos choix.

J'ai un très bon ami qui travaille en tant qu'ascensoriste. Un soir, il est appelé pour une panne d'ascenseur dans un établissement bancaire prestigieux à Paris, dans le quartier d'Opéra. Il connaît bien ce lieu pour y être intervenu à plusieurs reprises. Il n'aime pas trop y aller parce qu'il ressent une atmosphère bizarre chaque fois qu'il se rend au sous-sol. Les agents de sécurité qui travaillent sur le site n'aiment pas non plus se rendre au sous-sol, car ils ont eux aussi l'impression d'une lourdeur dans l'atmosphère. Ce jour-là, un agent de sécurité l'y accompagne. C'est la première fois qu'il y va avec lui. Quand ils arrivent au niveau de la machinerie, l'homme lui dit : « Je vois un ange au-dessus de ta tête ». Mon ami se met à sourire parce qu'il est Chrétien né de nouveau. Il lui dit : « Comment ça, tu vois un ange ? ». L'agent lui répond : « Oui, je vois un ange. Juste là, au-dessus de ta tête. Il y a une lumière, je sais que c'est un ange. ». Mon ami le questionne alors : « Comment est-ce possible ? Tu as la capacité de voir dans le monde spirituel ? ». L'agent lui explique qu'il a un démon en lui qui lui donne certains pouvoirs, dont la possibilité de voir dans le monde spirituel. Il poursuit en disant que ses collègues n'aiment pas aller au sous-sol, parce qu'ils ne se sentent pas à l'aise, mais que c'est normal, parce qu'il y a plein de démons. Lui, il préfère faire sa ronde tout seul, parce qu'il les voit, mais ils ne peuvent rien lui faire. Après avoir réparé l'ascenseur, mon ami lui a fait écouter le message d'un pasteur sur YouTube, qui expliquait le monde spirituel et la dangerosité des démons. L'agent de sécurité avait les larmes aux yeux. Il lui a raconté que parfois, l'esprit impur s'emparait de lui soudainement et qu'il devenait violent au point de tabasser sa compagne. Même sa petite fille avait peur de s'approcher de lui, comme si elle ressentait quelque chose. Mon ami lui a alors proposé de se débarrasser de cet esprit impur, mais il a refusé en expliquant qu'il l'avait hérité de sa grand-mère, et qu'il lui procurait une certaine force.

Kanda et sa femme Maïté étaient en vacances aux États-Unis. Un soir, une amie les invita à participer à une réunion de prière. Il y avait une quinzaine de personnes, dont une jeune fille âgée d'une vingtaine d'années, habillée dans un style vestimentaire grunge. Ce qui attira l'attention de Kanda n'était pas tant sa tenue vestimentaire, mais le fait qu'elle avait un comportement étrange. Elle bougeait de manière étrange, et semblait complètement ailleurs. À la fin de la réunion, le pasteur demanda à Kanda s'il pouvait prier pour la jeune fille, parce qu'elle était, semble-t-il, malade. Elle souffrait de douleurs au ventre. Kanda accepta, et alors qu'il s'apprêtait à prier il se rendit compte qu'elle était aveugle. Son attitude l'intriguait de plus en plus, parce qu'elle tenait des propos bizarres. En l'observant, il avait l'impression qu'il s'agissait plutôt d'une possession démoniaque. Il demanda à sa mère si elle avait toujours été comme ça, et elle lui expliqua qu'elle était auparavant normale, mais que son comportement avait subitement changé depuis qu'elles étaient allées voir un film d'horreur au cinéma. Elle continua en expliquant qu'elle savait que cela pouvait sembler étrange d'amener une personne aveugle au cinéma, mais c'était pour faire une sortie et aussi parce qu'il s'agissait de sa série préférée (Twilight). Kanda interrogea la jeune fille pour comprendre si quelque chose de particulier s'était passé pour que son comportement devienne aussi étrange. Elle raconta que pendant le film, elle entendit une voix lui parler. La voix provenait du film. La voix lui donna son prénom et lui dit qu'elle voulait entrer en contact avec elle. Devant l'insistance de la voix, elle finit par accepter et un esprit démoniaque entra en elle. Elle sentit quelque chose venir sur elle et saisit immédiatement la main de sa mère. Elle se leva brusquement et dit : « Maman ! Il faut qu'on y aille ! Il faut qu'on y aille ! ». Elles quittèrent précipitamment la salle, sans que la mère ne sache trop bien ce qui se passait. Depuis ce jour, cette jeune fille était possédée de cet esprit, avec lequel elle parlait régulièrement. Alors qu'ils s'apprêtaient à prier pour une « maladie », il s'agissait en réalité d'une possession démoniaque. Comment se fait-il que ni les pasteurs ni les parents n'aient vu qu'il s'agissait de cela ? À cause d'un manque de connaissance et de discernement.

Comme vous le voyez, l'ignorance peut détruire les individus. C'est pour cette raison que la Bible nous dit : *« Mon peuple est détruit, parce qu'il lui manque la connaissance. »* (Osée 4:6). Comprendre le monde spirituel nous permet de mieux appréhender la société dans laquelle nous vivons, et d'avoir ainsi un regard éclairé et différent par rapport à certaines situations, ou certains comportements. Très peu se rendent compte que derrière certaines attitudes ou certains évènements dramatiques, se cache une influence démoniaque, dont la mission principale est de détruire. Ainsi, pour contrôler les masses, le diable s'évertue à trouver des personnes qu'il pourra influencer en leur faisant accepter ses idées, afin qu'eux aussi puissent à leur tour les propager.

Il est important que nous apprenions à discerner les choses, même si ce qui était autrefois caché et réservé à quelques initiés commence de plus en plus à sortir au grand jour. Ces dernières années, bon nombre de dessins animés, de livres, de films, de séries (par exemple la série : « Lucifer » sur Netflix), ont eu pour thème le monde occulte, et ont mis en avant la sorcellerie et la magie. Le magazine *Le Point* du mois d'octobre 2019, avait un article au titre assez évocateur : « Les sorcières sont de retour ». Le tout écrit sur un ton très conciliant. Ils ont également sorti un hors-série : « Les sorcières – Histoire d'une renaissance ». *Le Journal du Dimanche* a lui aussi publié le 3 novembre 2019 une tribune sur le même thème, dans laquelle deux cents personnalités appellent les sorcières de tous les pays à se fédérer. Parmi les signataires, on retrouve des femmes issues du milieu politique, artistique et autre. Je discutais un jour avec un vendeur des magasins la Fnac, qui travaillait dans le rayon littérature. Il m'a expliqué que les meilleures ventes de livres en développement personnel étaient des ouvrages qui parlaient des sorcières. Il m'a fait sourire, parce qu'il m'a dit sur un ton un peu naïf : « Je ne comprends pas trop l'intérêt des gens pour ces livres-là. » Je ne lui ai rien répondu, même si je comprends très bien quel peut être leur intérêt. Le but est de rendre la sorcellerie et la magie le plus attrayantes possible, afin d'initier un maximum de personnes pour qu'elles puissent au travers de cela ouvrir des portes spirituelles, et ainsi donner un accès aux forces spirituelles démoniaques dans leur vie. Mais fort heureusement, j'observe que de plus en plus de gens commencent à s'en rendre compte, y compris des personnes non croyantes. Plusieurs d'entre elles n'hésitent d'ailleurs pas à dénoncer cela sur les réseaux sociaux et sur leur chaîne YouTube, afin d'alerter le plus grand nombre. Beaucoup s'en moquent, soit parce qu'ils n'y croient pas, soit parce qu'ils n'y voient aucun danger. D'autres en revanche sont interpellés, et leurs yeux commencent peu à peu à s'ouvrir sur cette réalité.

2 - Apprendre à voir comme Dieu voit

L'apôtre Paul a écrit : « *Ne vous conformez pas au siècle présent, mais soyez transformés par le renouvellement de l'intelligence, afin que vous discerniez quelle est la volonté de Dieu, ce qui est bon, agréable et parfait.* » (Romains 12:2). Bien que certaines habitudes et croyances soient présentes depuis longtemps dans la société, il faut parfois avoir le courage de s'interroger sur ce en quoi nous avons toujours cru, pour être certain que notre perspective soit bien la bonne, même si cela doit nous obliger à remettre en question notre propre identité. Nous ne nous rendons pas toujours compte à quel point il est facile de se laisser influencer par la mentalité de la société, par le biais des médias, des séries télévisées, des célébrités et des réseaux sociaux, et de se laisser conduire par la vague. Afin d'avoir le recul nécessaire, il est parfois vital de prendre de la hauteur, pour voir les choses avec une autre perspective, celle du ciel vers la Terre. Plus vous y parvenez, plus vous vous détachez peu à peu de ce qui vous maintenait captif et vous gardait éloigné de la présence de Dieu. Jésus a dit à ses disciples que bien *qu'ils soient dans ce monde, ils n'étaient pas de ce monde* (Jean 15:19). Il voulait au travers de cela leur enseigner que leur perspective doit être celle du Royaume de Dieu, et non celle du monde. C'est un exercice très difficile, car la pensée du monde est parfois tellement ancrée dans nos cœurs, que sans un renouvellement profond de notre pensée, nous pouvons être convaincus que certains principes du monde s'accordent avec ceux de Dieu, alors que ce n'est pas du tout le cas. Le Saint-Esprit et la lecture de la Bible viennent changer la manière dont nous percevons le monde qui nous entoure, afin de réajuster notre perspective sur celle de Dieu. C'est lorsque nous parvenons à voir les choses non plus de notre point de vue, mais de celui de Dieu que nous commençons à goûter à ce qu'est la véritable liberté, telle qu'elle nous est présentée dans la Bible.

3 - Veiller sur ses pensées

Notre vie est dirigée par nos pensées et tout ce qui domine nos pensées contrôle notre vie. Si nos pensées sont dominées par la pensée du monde, nous sommes sous l'emprise du dieu de ce monde, qui n'est autre que le diable. Le nom qui lui est attribué définit sa nature, car le mot diable veut dire : trompeur, calomniateur. Le dieu de ce monde s'évertue à tromper les êtres humains en leur insufflant sa pensée, qui consiste à les éloigner du plan de Dieu pour leur vie. Il use de malice en leur faisant croire que Dieu n'existe pas, qu'ils n'ont pas besoin de Lui, que l'homme est son propre dieu et qu'il se suffit à lui-même (Genèse 3:5). Cette approche conduit la plupart des individus à rechercher leur plaisir personnel, ce qui explique l'individualisme, l'égoïsme, l'orgueil et les guerres, qui gangrènent la société et ont amené le monde moderne au bord du précipice. Quant aux personnes qui croient en Dieu, il les persuade que la vie avec Dieu est austère, sans joie, sans aucun intérêt, et que le vrai bonheur se trouve ailleurs. Il essaie ainsi de les dissuader par toutes sortes de séductions, et pour celles qui sont vraiment déjà bien engagées avec Dieu, il met leur résistance à dure épreuve, en attaquant leur foi au travers de toutes sortes de difficultés. Le but est de leur faire lâcher prise. La Bible nous met en garde à plusieurs reprises contre les ruses du dieu de ce monde, qui est parvenu à aveugler l'intelligence des êtres humains en leur injectant tel un venin sa pensée dans leur cœur. Son coup d'État s'est fait sans armes ni fracas. Il a suffi d'un seul mensonge pour qu'il prenne le pouvoir de gouverner la Terre, que Dieu avait placée entre les mains d'Adam et Ève. Plusieurs siècles plus tard, sa stratégie n'a pas changé, elle reste toujours la même. Il sait qu'aussi longtemps que les êtres humains ne connaîtront pas la vérité, il lui sera facile de faire accepter ses mensonges comme étant la vérité s'ils sont présentés comme tels. Il essaie par tous les moyens d'étouffer la lumière de la vérité, afin de garder les hommes et les femmes dans les ténèbres, comme nous pouvons le voir dans ce verset : *« Si notre Évangile est encore voilé, il l'est pour ceux qui périssent, pour les incrédules dont le dieu de ce monde a aveuglé l'intelligence afin qu'ils ne voient pas briller l'éclat que projette l'Évangile de la gloire de Christ, qui est l'image de Dieu. »* (2 Corinthiens 4:3-4)

La question que tout un chacun devrait se poser pour savoir ce qui influence ses pensées et par conséquent son existence est : qu'est-ce qui domine ma vie ? En fonction de la réponse, il n'y n'a plus qu'à remonter jusqu'à la source pour retrouver de qui il s'agit. Si votre existence est dirigée par Dieu, le Saint-Esprit doit normalement être votre conducteur, car la Bible dit : *« En effet, tous ceux qui sont conduits par l'Esprit de Dieu sont fils de Dieu. »* (Romains 8:14). En revanche, si vos pensées sont dominées par la pensée du monde, votre vie est sous l'influence du dieu de ce monde. Le champ de bataille se situe principalement au niveau des pensées, et les armes utilisées contre vous sont toutes les informations que vous recevez à longueur de temps et qui finissent par modeler votre être intérieur. Une fois que votre être intérieur est formé, vous interprétez le monde à partir de ce que vous avez intégré, et qui forme désormais votre système de pensée. Votre liberté dépend de ce en quoi vous avez cru, et de la manière dont vous avez classifié toutes ces informations que vous avez reçues. Il est important de s'interroger, afin de considérer si ce que vous croyez comme étant vrai l'est réellement, et ce que vous pensez être faux l'est aussi.

La pensée du monde nous conduit à fixer notre attention sur les choses d'en bas, et à nous satisfaire de celles qui sont passagères. Elle nous donne une image déformée de Dieu et de nous-mêmes, en nous donnant l'illusion que nous sommes des êtres indépendants et que nous n'avons pas besoin de Lui pour vivre. Notre perspective se résume à ce que nous vivons sur la Terre, et pour ce qui concerne le reste, nous verrons le moment venu. C'est la pensée générale qui domine aujourd'hui dans notre société, et pousse les hommes à se contenter de leur vie présente, et à ne pas chercher à en savoir plus. Jésus est venu mettre fin à cette approche, en amenant les hommes et les femmes à lever les yeux, afin de fixer leur attention sur les choses d'en haut, qui ont la particularité d'être éternelles. Tout au long de son ministère, Il n'a eu de cesse de répéter que son Royaume n'était pas de ce monde (Jean 18:36), afin de se démarquer de la pensée qui domine le monde. Si la lumière est indispensable à la vie de l'écosystème, de même les êtres spirituels que nous sommes ont eux aussi besoin de la lumière envoyée par Dieu sur la Terre, à savoir Jésus-Christ. Cette lumière est venue éclairer tous les individus, mais le monde ne l'a malheureusement point reçue. Elle reste néanmoins accessible à toutes les personnes qui y aspirent.

4 - Adopter une nouvelle pensée

L'être humain **est** esprit, il **a** une âme et il **vit** dans un corps. Dès qu'une personne est née de nouveau, elle devient immédiatement une nouvelle créature, comme il est écrit dans la deuxième lettre aux Corinthiens : « *Si quelqu'un est en Christ, il est une nouvelle créature. Les choses anciennes sont passées ; voici, toutes choses sont devenues nouvelles.* » (2 Corinthiens 5:17). Cette transformation est rendue possible grâce à la régénération instantanée de notre esprit, par le Saint-Esprit. L'homme et la femme qui sont nés de nouveau connaissent au début de leur conversion une lutte acharnée entre leur esprit et leur âme, car si leur esprit est intégralement recréé, leur âme reste quant à elle inchangée. C'est pourquoi beaucoup peuvent avoir l'impression de ne pas vraiment changer, parce que leurs habitudes, leurs pensées, leurs convictions et leurs comportements restent les mêmes. Un combat prend alors place entre leur nouvelle nature, c'est-à-dire leur esprit régénéré, et leur ancienne nature, car les deux ont une volonté qui s'oppose. Le corps est lui aussi engagé dans cette lutte acharnée, notamment à travers la chair où réside la nature pécheresse. La chair pousse inlassablement l'être humain à agir contre la volonté de Dieu. L'apôtre Paul explique très bien quelle en est la raison dans sa lettre aux Galates : « *Car la chair a des désirs contraires à ceux de l'Esprit, et l'Esprit en a de contraires à ceux de la chair ; ils sont opposés entre eux, afin que vous ne fassiez point ce que vous voudriez.* »

(Galates 5:17). Pour que cette bataille prenne fin, il est capital de fortifier son esprit, afin que celui-ci soit suffisamment fort pour dominer l'âme, et que les deux ne fassent finalement plus qu'un. C'est ainsi que progressivement nous parvenons à avoir le dessus sur notre chair.

• **Avoir la pensée de Christ**

La Bible nous enseigne que les pensées de Dieu sont infiniment au-dessus de celles de l'Homme. En effet, Dieu dit dans l'Ancien Testament : *« Autant les cieux sont élevés au-dessus de la terre, autant mes voies sont élevées au-dessus de vos voies, et mes pensées au-dessus de vos pensées. »* (Ésaïe 55:9). Il y a toutefois une très nette différence entre l'être humain qui vit totalement éloigné de Dieu, et l'homme et la femme qui sont nés de nouveau, car le Saint-Esprit étant en eux, ils ont désormais accès à la pensée de Dieu, comme nous pouvons le voir dans le passage suivant :

> *« Lequel des hommes, en effet, connaît les choses de l'homme, si ce n'est l'esprit de l'homme qui est en lui ? De même, personne ne connaît les choses de Dieu, si ce n'est l'Esprit de Dieu. Or nous, nous n'avons pas reçu l'esprit du monde, mais l'Esprit qui vient de Dieu, afin que nous connaissions les choses que Dieu nous a données par sa grâce. »* (1 Corinthiens 2:11-12)

L'apôtre Paul conclut ce chapitre 2 du premier livre des Corinthiens avec le verset suivant : *« Car qui a connu la pensée du Seigneur, pour l'instruire ? **Or nous, nous avons la*** *pensée de Christ.* ». La version anglaise est intéressante, parce qu'elle dit la chose suivante : *« we have the mind of Christ »*. Cela peut être traduit en français par : « nous avons la pensée de Christ », mais aussi par : « nous avons **l'esprit**[2] ou **l'intelligence** de Christ ». En d'autres termes, nous sommes identiques à Christ, nous devons donc parler, penser et agir comme Lui. C'est pourquoi la Bible nous dit : *« Tel il est, tels nous sommes aussi dans ce monde (...) »* (1 Jean 4:17). Cependant, seules les personnes qui développent une réelle intimité avec son Esprit sont à même de discerner sa voix et d'adopter véritablement sa pensée. Il faut donc faire la distinction entre les personnes religieuses, et celles dont la vie est dirigée par le Saint-Esprit. Les personnes religieuses obéissent à Dieu parce qu'elles redoutent son châtiment, tandis que les fils et les filles de Dieu Lui obéissent, parce que leur pensée est devenue celle de Dieu. Obéir n'est dorénavant plus considéré comme une contrainte pour eux, mais plutôt comme un plaisir, parce qu'accomplir la volonté de Dieu est désormais logique et naturel pour eux. Le sentiment de frustration qui accompagne généralement les personnes qui obéissent contre leur gré disparaît pour laisser place à une profonde gratitude. Jésus Lui-même se réjouissait de faire la volonté de son Père, au point qu'Il dit un jour à ses disciples : *« Ma nourriture est de faire la volonté de celui qui m'a envoyé, et d'accomplir son œuvre. »* (Jean 4:34). Celles et ceux qui adoptent la pensée de Dieu tirent eux aussi leur satisfaction de la joie que leur procure le fait de faire sa volonté. Car c'est en faisant sa volonté qu'ils accomplissent ce pour quoi ils sont sur la Terre.

---

2. Il s'agit bien dans ce contexte de son esprit et non du Saint-Esprit, d'où le « e » minuscule.

- **Fortifier son esprit**

Plus notre esprit est fortifié, plus notre vie est dirigée par le Saint-Esprit, et plus nous avons le dessus sur notre âme. Regardons ensemble les moyens par lesquels une personne née de nouveau peut fortifier son esprit :

La prière en esprit : Lorsqu'une personne est baptisée du Saint-Esprit, elle reçoit instantanément le don du parler en langues. Le parler en langues est le langage surnaturel de notre esprit régénéré. Ainsi, celui qui parle avec son intellect exprime la pensée de son âme, alors que celui qui prie en langues permet au Saint-Esprit de prier au travers de son esprit. L'Esprit exprime ainsi au travers de son esprit des mystères qui ne sont pas compréhensibles à l'être humain ni aux entités spirituelles démoniaques, mais le langage formulé correspond parfaitement à la volonté de Dieu pour sa vie. La prière en langues permet d'adorer Dieu, d'intercéder, de faire monter vers Lui des requêtes, d'appeler à l'existence les choses qui n'existent pas, de Lui rappeler ses promesses pour votre vie, et de rechercher sa volonté. Elle est une arme puissante, qui est malheureusement fortement négligée par les croyants, parce qu'ils n'ont pas réellement saisi son utilité. Plus une personne parle en langues, et plus elle s'édifie elle-même, c'est-à-dire qu'elle bâtit son être intérieur : *« Celui qui parle en langue s'édifie lui-même ; celui qui prophétise édifie l'Église. »* (1 Corinthiens 14:4). Plus son esprit est fortifié, et plus elle est sensible à la présence du Saint-Esprit, et apte à discerner sa voix parmi le flot de pensées qui l'inondent chaque jour.

La méditation de la Bible : Jésus a dit un jour : *« L'homme ne vivra pas de pain seulement, mais de toute parole qui sort de la bouche de Dieu. »* (Matthieu 4:4). De même que la nourriture est vitale pour le corps humain, la lecture régulière de la Bible permet elle aussi de nourrir l'esprit. Si l'alimentation est nécessaire pour le corps physique, la nourriture spirituelle est quant à elle indispensable pour le corps spirituel, car sans cela, le chrétien né de nouveau reste un croyant purement charnel, c'est-à-dire que sa vie est gouvernée par son ancienne nature, ses émotions, ses pensées et ses cinq sens.

La communion fraternelle : Avec la multiplication des sites internet proposant des enseignements chrétiens, des conférences ou des thématiques diverses et variées, il est devenu très facile de rester chez soi et de suivre des édifications depuis son domicile. Cependant, rien ne pourra remplacer l'Église ni la communion fraternelle, c'est-à-dire le fait d'être réunis avec des frères et sœurs et de pouvoir être ensemble. L'Église n'est en aucun cas un bâtiment, mais elle est la réunion d'une ou plusieurs personnes qui se retrouvent ensemble, pour être édifiées au travers d'enseignements, pour adorer Dieu, prier, échanger et s'encourager. La Bible dit que : *« Car là où deux ou trois sont assemblés en mon nom, je suis au milieu d'eux. »* (Matthieu 18:20). Ainsi, dès lors que deux personnes s'assemblent et que Jésus-Christ est le thème central, sa présence est garantie. La liberté de culte, garantie en France par la loi de 1905 dans son article premier, permet l'existence des églises, mais ce n'est pas le cas dans tous les pays, particulièrement en Chine, où les croyants se réunissent dans des lieux secrets, notamment dans des sous-sols (underground churches).

L'écoute de la Parole et les témoignages : La Bible dit que : *« Ainsi la foi vient de ce qu'on entend, et ce qu'on entend vient de la parole de Christ. »* (Romains 10:17). Lorsque nous entendons des témoignages de conversion, ou de personnes ayant vécu une délivrance, une restauration, un miracle, une percée financière ou une promotion professionnelle, cela vient automatiquement fortifier notre foi. La Parole de Dieu n'est pas quelque chose de statique, elle suscite la foi, et la foi nous pousse forcément à l'action. Néanmoins, pour que cette Parole soit efficace et apporte une profonde transformation, il faut qu'elle passe du stade de l'information à celui de la révélation, comme nous avons pu le voir plus tôt. Plus une personne vit des expériences avec Dieu, plus sa foi est fortifiée, car elle se rend compte que les promesses contenues dans la Bible sont à sa portée, pourvu qu'elle y croie.

• **Votre perspective détermine vos actions**

Un jour, Marie et Marthe ont envoyé chercher Jésus, parce que leur frère Lazare était souffrant. En apprenant la nouvelle, Jésus est resté très calme et a dit : « *Cette maladie n'est point à la mort ; mais elle est pour la gloire de Dieu, afin que le Fils de Dieu soit glorifié par elle.* » (Jean 11:4). Jésus savait que Lazare allait mourir, mais sa perspective était totalement différente de celle de ces deux sœurs, parce qu'Il voyait dans cette situation un moyen de manifester la gloire de Dieu. Et c'est effectivement ce qu'il s'est passé, puisque quatre jours plus tard, Lazare est mort, mais Jésus l'a ressuscité. Il fallait que cet évènement eût lieu pour que beaucoup crussent en Lui, et que les pharisiens décidassent de Le tuer.

Alors que la plupart voyaient une maladie, Jésus voyait quant à Lui un moyen de glorifier son Père, parce qu'Il avait la bonne perspective. Qu'en est-il pour vous ? Que voyez-vous exactement ? Lorsque vous faites face à une difficulté, voyez-vous un moyen pour Dieu d'intervenir dans votre situation, et de se glorifier ? Lorsque vous avez des problèmes financiers, voyez-vous cela comme un moyen de voir la faveur de Dieu ? Lorsqu'une personne est malade, parvenez-vous à voir le miracle ? Lorsqu'il y a des gens autour de vous qui vous importunent, arrivez-vous à les aimer comme Dieu les aime ?

Vous l'aurez bien compris, ce que vous croyez détermine la manière dont vous voyez et comprenez les choses. Il est important de toujours avoir le bon regard, afin de voir les choses comme Dieu les voit. Celui-ci change à mesure que la Parole de Dieu vient s'inscrire en vous, que votre relation avec Dieu se développe, et que votre foi est fortifiée. Une personne qui plaît au cœur de Dieu est quelqu'un qui a constamment conscience de sa présence à ses côtés, et pour qui la réalité du Royaume de Dieu est supérieure à celle de la Terre. Elle fait alors tout son possible pour avoir la même perspective que Dieu, afin que la réalité du Royaume de Dieu puisse prendre place sur la Terre : « *Car le royaume de Dieu, ce n'est pas le manger et le boire, mais la justice, la paix et la joie, par le Saint-Esprit.* » (Romains 14:17)

Chapitre 3
Marcher dans la plénitude du Saint-Esprit

> *« En effet, celui qu'Il a envoyé
> transmet les paroles mêmes de
> Dieu, car Dieu Lui a donné la plé-
> nitude illimitée de son Esprit. »*
> (Jean 3:34)

Jésus avait besoin du Saint-Esprit pour commencer son ministère sur la Terre, c'est la raison pour laquelle Il n'a rien fait avant de l'avoir reçu. Le jour de son baptême, le Saint-Esprit est descendu sur Lui et l'a conduit dans le désert, où Il y est resté quarante jours et quarante nuits. Lorsqu'Il en est sorti, la Bible nous dit qu'Il *était revêtu de la puissance de l'Esprit* (Luc 4:14). C'est à partir de ce jour qu'Il a pu commencer pleinement l'œuvre pour laquelle Il avait été envoyé. Le Saint-Esprit est la personne la plus méconnue de la Trinité, bien qu'Il soit le tout premier à apparaître clairement dès le deuxième verset du premier livre de la Genèse :

> *« Au commencement, Dieu
> [Élohim] créa les cieux et la terre.
> La terre était informe et vide : il
> y avait des ténèbres à la surface
> de l'abîme, et l'Esprit de Dieu se*

mouvait au-dessus des eaux. *Dieu
dit : Que la lumière soit ! Et la
lumière fut.* » (Genèse 1:1-3).

Le mot hébreu traduit par Dieu est *Élohim*, ce qui signifie
Dieu au pluriel : Dieu**x**. Il est important de signaler ce détail,
parce que cette subtilité n'apparaît pas dans la traduction française. Nous savons aujourd'hui que derrière le mot *Élohim*, se
cache la Trinité, c'est-à-dire trois entités distinctes qui sont :
Dieu le Père, Dieu le Fils et Dieu le Saint-Esprit. De même que
l'être humain est esprit, âme et corps, Dieu se révèle Lui aussi
en trois personnes égales. Tout au long de l'Ancien Testament,
le Saint-Esprit apparaît à maintes reprises, mais nous n'avons
pas suffisamment d'éléments pour bien comprendre qui Il est,
ni même quel est son rôle exact. Il faudra attendre la venue de
Jésus-Christ, pour mieux appréhender qui est le Saint-Esprit et
réaliser à quel point Il est important. Beaucoup Le réduisent à
une force ou une puissance, mais Il est en réalité bien plus que
cela, Il est une personne avec des émotions, une volonté et des
désirs. Seuls celles et ceux qui marchent selon l'Esprit, sont
véritablement agréables à Dieu le Père, car c'est ce qu'Il attend
de ses fils et de ses filles, comme nous le montre ce verset :
*« Car tous ceux qui sont conduits par l'Esprit de Dieu sont fils
de Dieu. »* (Romains 8:14). Il est capital de Le connaître intimement pour Le laisser conduire notre vie, car c'est ainsi que
Jésus a marché sur la Terre, en étant en parfaite collaboration
avec le Saint-Esprit.

1 - La personne du Saint-Esprit, un allié hors pair

Quelque temps avant de quitter ses disciples, Jésus leur a
présenté le Saint-Esprit, en leur expliquant qu'il était préférable que Lui s'en aille, pour que le Saint-Esprit puisse venir

(Jean 16:7). Il leur a dit : *« Et moi, je prierai le Père, et il vous donnera un autre consolateur [parakletos], afin qu'il demeure éternellement avec vous (...). »* (Jean 14:16). Le mot grec qui est traduit par consolateur est *parakletos* qui signifie : conseiller, avocat, intercesseur, assistant, quelqu'un qui porte secours. La traduction du mot original grec est assez intéressante, parce qu'elle nous présente plusieurs facettes du Saint-Esprit. Ainsi, le Saint-Esprit est le conseiller, l'intercesseur, l'avocat, l'assistant, le défenseur, des hommes et des femmes qui sont nés de nouveau. Certaines versions ont fait le choix d'utiliser le mot *défenseur*, plutôt que celui de *consolateur*. Ses caractéristiques ne s'arrêtent pas là, puisque le Saint-Esprit est également décrit comme étant : *« l'Esprit de **sagesse** et d'**intelligence**, l'Esprit de **conseil** et de **force**, l'Esprit de **connaissance** et de **crainte de l'Éternel**. »* (Ésaïe 11:2). Le Saint-Esprit __en__ nous sert à notre salut, et le Saint-Esprit __sur__ nous permet le salut des autres, notamment grâce au revêtement de puissance que nous confère le baptême du Saint-Esprit. Lorsqu'une personne est baptisée du Saint-Esprit, elle reçoit plusieurs dons spirituels de la part du Saint-Esprit. Les dons ne sont pas pour elle, mais plutôt pour les autres, parce qu'ils lui permettent de répondre aux besoins auxquels sont confrontées les personnes qui l'entoure, et ainsi de manifester non seulement la puissance et la grandeur de Dieu, mais également son amour. Les dons spirituels sont au nombre de neuf, et peuvent être classés en trois catégories :

Les dons d'inspiration	Les dons de révélation	Les dons de puissance
La diversité des langues	La Parole de connaissance	Le don de la foi
L'interprétation des langues	Le discernement des esprits	Le don d'opérer des miracles
Le don de prophétie	La Parole de sagesse	Le don des guérisons

Je ne vais pas entrer dans les détails, en expliquant à quoi correspondent ces neuf dons spirituels, parce que j'en parle déjà très largement dans un précédent ouvrage intitulé : « La révélation des fils de Dieu ». Vous pouvez y retrouver toutes les informations, si toutefois vous souhaitez approfondir ce point. J'aimerais néanmoins vous donner un cas concret, afin de vous montrer l'importance des dons spirituels et leur utilité. Il s'agit dans cet exemple du don de prophétie.

J'ai un ami prophète que Dieu utilise énormément, notamment au travers du don de prophétie. Un jour, alors que nous rendions visite à des amis à Colombus dans l'Ohio, nous avons fait la connaissance d'une femme qui ne pouvait pas avoir d'enfant. Mon ami lui dit la chose suivante : « Dieu va te donner un autre enfant. Ce ne sera pas un enfant adopté, mais un enfant que tu auras de manière naturelle. Je vois cela dans mon esprit ». Lorsque j'ai entendu la parole, je l'ai regardé fixement, et ma première réaction a été de me dire : « Frère, ne dis pas ça ! Ne dis pas des choses comme ça ! ». Vous imaginez bien que ma foi était nulle. Il ne s'agissait pas ici d'une prophétie globale du type : « Tu vas entrer dans ta destinée », ou « Tu vas influencer ta génération ! », mais bel et bien d'une parole précise. Connaissant bien cet ami, je sais que plus d'une fois Dieu l'a utilisé de manière puissante, et je me suis donc dit : « Nous verrons bien ». Un an plus tard, cette femme poste sur Facebook une photo de son ventre, enceinte, avec le message : « Le bébé miracle ». Elle a accouché plusieurs semaines plus tard d'une magnifique petite fille. La parole prophétique avait permis d'activer la foi dans la vie de ce couple, afin de les préparer au miracle que Dieu s'apprêtait à faire dans leur vie. Alors que j'écris ce livre, j'ai appris qu'elle était de nouveau enceinte.

Quand vous prenez conscience de qui est véritablement le Saint-Esprit, le regard que vous avez sur Lui et sur vous-même ne peut que changer, car vous vous rendez compte des nombreux privilèges que vous apporte sa présence. Cependant très peu de croyants prennent vraiment conscience de cela. C'est pour cette raison que vous avez beaucoup de chrétiens dont la vie ne change pas, bien qu'ils soient nés de nouveau. Malgré plusieurs années de conversion, ils sont toujours confrontés aux mêmes situations et aux mêmes difficultés. Le problème ne vient certainement pas de Dieu, mais du fait qu'ils n'ont pas renouvelé leurs pensées, en les réajustant sur leur nouvelle nature.

Jésus a demandé à ses disciples de ne pas quitter Jérusalem, jusqu'à ce qu'ils aient reçu le baptême du Saint-Esprit (Actes 1:4). Le jour où le Saint-Esprit est descendu sur eux, les personnes présentes dans le lieu se mirent à parler de nouvelles langues, signe du baptême du Saint-Esprit, et leur vie ne fut plus jamais la même. Le livre des Actes nous relate les miracles extraordinaires qui se sont produits au travers des tout premiers chrétiens, donnant ainsi naissance à l'Église. Certains commentateurs bibliques aiment surnommer le livre des Actes : « les actes du Saint-Esprit », parce que lorsque nous étudions ce livre en détail, nous nous apercevons qu'Il en est l'Auteur principal. Jésus est venu sauver l'humanité et révéler le Père. Le Saint-Esprit est venu quant à Lui pour révéler Jésus au monde. Si Jésus ne pouvait être physiquement qu'à un seul endroit en même temps, le Saint-Esprit est quant à Lui omniprésent. Le Roi David en a fait l'expérience, c'est pourquoi il a écrit dans l'un de ses psaumes : *« Où irais-je loin de ton Esprit ? Et où fuirais-je loin de ta face ? »* (Psaumes 139:7).

2 - Le rôle du Saint-Esprit

Il y a tellement d'avantages à connaître la personne du Saint-Esprit que Jésus Lui-même a dit à ses disciples : *« Cependant je vous dis la vérité : **il vous est avantageux que je m'en aille**, car si je ne m'en vais pas, **le consolateur** ne viendra pas vers vous ; mais, si je m'en vais, je vous l'enverrai. »* (Jean 16:7). Alors que les disciples étaient vingt-quatre heures sur vingt-quatre avec Jésus, Il n'a pourtant pas hésité à leur dire : *« **il vous est avantageux que je m'en aille** »*. Pouvez-vous imaginer un instant leur réaction ? De même, Jésus a dit à ses disciples : *« Il [Saint-Esprit] me glorifiera, parce qu'il prendra de ce qui est à moi, et vous l'annoncera. »* (Jean 16:14). Sans la personne du Saint-Esprit, nul ne peut avoir une profonde révélation de Jésus-Christ. Certains théologiens ont beau passer des heures à étudier les Saintes Écritures, il n'en reste pas moins qu'aussi longtemps qu'ils ne sont pas nés de nouveau, leur connaissance aussi grande soit-elle, ne reste qu'intellectuelle. **La connaissance apporte une information, mais elle ne peut vous transformer tant qu'elle n'est pas devenue une révélation.** J'aimerais vous montrer quelques-unes des particularités du Saint-Esprit, afin de démontrer à quel point son rôle est important :

- **Le Saint-Esprit nous conduit dans la vérité :**
  *« Quand le consolateur sera venu, **l'Esprit de vérité**, il vous conduira dans toute la vérité ; car il ne parlera pas de lui-même, mais il dira tout ce qu'il aura entendu, et il vous annoncera les choses à venir. »* (Jean 16:13)

- **La présence du Saint-Esprit est le gage de la vie éternelle :**

   *« N'attristez pas le Saint-Esprit de Dieu, par lequel **vous avez été scellés** pour le jour de la rédemption. »* (Éphésiens 4:30)

   *« En lui vous aussi, après avoir entendu la parole de la vérité, l'Évangile de votre salut, en lui vous avez cru et **vous avez été scellés du Saint-Esprit** qui avait été promis, lequel est un gage de notre héritage, pour la rédemption de ceux que Dieu s'est acquis, à la louange de sa gloire. »* (Éphésiens 1:13-14)

- **Le Saint-Esprit distribue les dons spirituels :**

   *« Or, à chacun la manifestation de l'Esprit est donnée pour l'utilité commune. En effet, à l'un est donnée par l'Esprit une parole de sagesse ; à un autre, une parole de connaissance, selon le même Esprit ; à un autre, la foi, par le même Esprit ; à un autre, le don des guérisons, par le même Esprit ; à un autre, le don d'opérer des miracles ; à un autre, la prophétie ; à un autre, le discernement des esprits ; à un autre, la diversité des langues ; à un autre, l'interprétation des langues. **Un seul et même Esprit opère toutes ces choses, les distribuant à chacun en particulier comme il veut.** »* (1 Corinthiens 12:7-11)

- **Le Saint-Esprit appelle :**

   *« Pendant qu'ils servaient le Seigneur dans leur ministère et qu'ils jeûnaient, le Saint-Esprit dit : **Mettez-moi à part Barnabas et Saul pour l'œuvre à laquelle je les ai appelés.** »* (Actes 13:2)

- **Le Saint-Esprit parle :**
*« Pierre réfléchissait encore à la vision quand **l'Esprit lui dit** : « Il y a trois hommes qui te cherchent. Lève-toi, descends et pars avec eux sans hésiter, car c'est moi qui les ai envoyés. »* (Actes 10:19-20)

- **Seul le Saint-Esprit peut convaincre une personne de croire en Dieu :**
*« Et quand il [Saint-Esprit] sera venu, **il convaincra le monde en ce qui concerne le péché, la justice, et le jugement :** en ce qui concerne le péché, parce qu'ils ne croient pas en moi ; la justice, parce que je vais au Père, et que vous ne me verrez plus ; le jugement, parce que le prince de ce monde est jugé. »*
(Jean 16:8-11)

Afin d'illustrer ce dernier point, j'aimerais partager avec vous une histoire que j'ai vécue en 2017. Lors d'un séjour en Afrique, je suis allé visiter des mineurs incarcérés. J'étais avec deux amis qui donnaient des cours d'alphabétisation à ces jeunes, ainsi qu'un pasteur qui travaillait dans la prison. Après avoir partagé une courte exhortation pour les encourager, mon ami a demandé si certains d'entre eux étaient malades et désiraient recevoir la prière. Plusieurs ont levé la main, et alors qu'il a prié pour eux, nous avons assisté à plusieurs guérisons instantanées. Après avoir terminé, nous avons entamé un chant qui s'intitule : « Dieu est capable ». Les adolescents qui jusqu'à présent étaient plutôt dissipés, ont retourné leur assiette métallique et ont commencé à jouer de la rythmique avec leurs couverts. Au bout de quelques secondes, je pouvais sentir comme de l'électricité dans l'air. Plus nous chantions et plus l'atmosphère se chargeait de la présence de Dieu. Tout à coup, j'ai regardé sur ma gauche, et l'un des jeunes est tombé à genoux en pleurs. Puis un second, un troisième et un quatrième. À la fin, ils devaient être plus d'une vingtaine à genoux pleurant, car touchés par la gloire de Dieu qui régnait dans ce lieu. Pendant que je les observais, le verset suivant m'est revenu à la mémoire : *« Quand il [Saint-Esprit] sera venu,* ***il convaincra le monde en ce qui concerne le péché, la justice, et le jugement (…) »****.* Nous n'avions rien fait de spécial, nous étions simplement spectateurs de l'œuvre du Saint-Esprit parmi ces jeunes.

3 - La main de Dieu sur la Terre

À la création, le Saint-Esprit était en mouvement au-dessus des eaux, lorsque Dieu a dit : *« Que la lumière soit et la lumière fut »* (Genèse 1:3). Quand le Saint-Esprit a entendu la Parole, Il a alors aussitôt produit la lumière. Le Saint-Esprit est constamment en mouvement, attendant la Parole de Dieu pour agir. **Jésus est la Parole de Dieu, Il déclare la pensée du Père et le Saint-Esprit la matérialise.** Un beau jour, Jésus a chassé un démon d'un homme qui était muet. Parmi la foule qui était présente, certains l'ont accusé de l'avoir chassé par Béelzébul, le chef des démons (Luc 11:14-20). Jésus leur a alors dit la chose suivante : *« Mais si je chasse les démons **par le doigt de Dieu**, alors le royaume de Dieu est parvenu jusqu'à vous. »* (Luc 11:20). L'Évangile de Matthieu relate la même histoire, mais l'expression utilisée par l'auteur est très légèrement différente, comme vous pouvez le voir : *« Mais, si **c'est par l'Esprit de Dieu** que je chasse les démons, le royaume de Dieu est donc venu vers vous. »* (Matthieu 12:28). Lorsque nous comparons ces deux versets, nous y voyons un parallèle entre l'Esprit de Dieu et le doigt de Dieu, mais cela ne s'arrête pas là. J'aimerais attirer votre attention sur les deux passages suivants. Il s'agit exactement des mêmes versets sauf que la version est différente :

- **Version Louis Segond**

   *« Quand je contemple les cieux, <u>**ouvrage de tes mains**</u>, la lune et les étoiles que tu as créées : Qu'est-ce que l'homme, pour que tu te souviennes de lui ? Et le fils de l'homme, pour que tu prennes garde à lui ? »* (Psaume 8:3-4)

- **Version Darby**

   *« Quand je regarde tes cieux, <u>**l'ouvrage de tes doigts**</u>, la lune et les étoiles que tu as disposés : Qu'est-ce que l'homme, que tu te souviennes de lui, et le fils de l'homme, que tu le visites ? »* (Psaume 8:3-4)

La version Louis Segond a fait le choix d'utiliser le mot « main », tandis que la version Darby emploie quant à elle le mot « doigt ». Cette différence nous aide à mieux visualiser l'un des rôles du Saint-Esprit qui consiste à donner vie à la Parole de Dieu. Lors de la création, Jésus qui est la Parole a déclaré la pensée de Dieu, et le Saint-Esprit a formé la lune et les étoiles et les a disposées dans l'univers. Il fallait que la Parole soit déclarée pour que le Saint-Esprit puisse entrer en action, car le Saint-Esprit agit en réponse à la Parole de Dieu. Un gant n'a aucune utilité tant qu'il reste au fond d'un tiroir, car c'est uniquement lorsque son propriétaire le met qu'il remplit alors toute sa fonction. De même, un croyant rempli de la présence du Saint-Esprit peut-être comparé à un gant, dont la main, qui est le Saint-Esprit, peut désormais agir au travers de lui. Un chrétien rempli du Saint-Esprit et soumis au Saint-Esprit devient ainsi l'extension de la main de Dieu sur la Terre. Tout croyant doit impérativement être rempli de la présence Saint-Esprit, pour que la volonté de Dieu puisse s'accomplir sur la Terre comme au Ciel, et ce, au travers de lui.

Les quatre premiers versets du livre de Jean prennent un tout autre sens, lorsque l'on comprend la manière dont fonctionne finalement chaque membre de la Trinité :

> *« Au commencement était la Parole ; la Parole était auprès de Dieu ; la Parole était Dieu. Elle était au commencement auprès de Dieu. Tout est venu à l'existence par elle, et rien n'est venu à l'existence sans elle. Ce qui est venu à l'existence en elle était vie, et la vie était la lumière des humains. »*
> (Jean 1:1-4)

Le Saint-Esprit a également participé activement à la création de l'être humain, comme nous pouvons le voir dans le livre de Job : *« **L'Esprit de Dieu** m'a créé, et le souffle du Tout Puissant m'anime. »* (Job 33:4). Si nous considérons ce que nous venons de voir juste avant, nous pouvons imaginer que lorsque Dieu a dit : *« Faisons l'homme à notre image et à notre ressemblance »* (Genèse 1:26), le Saint-Esprit a entendu ces paroles et les a aussitôt mises à exécution en façonnant Adam, le tout premier être humain. Regardons dans le livre de la Genèse comment cela s'est produit : *« L'Éternel Dieu **façonna** l'homme avec la poussière de la terre. Il insuffla **un souffle de vie** dans ses narines et l'homme devint un être vivant. »* (Genèse 2:7). Nous voyons au travers de ces quelques passages, que le Saint-Esprit est bien loin de l'image populaire que beaucoup peuvent avoir de Lui, c'est-à-dire juste une puissance ou une force. Le Saint-Esprit est Dieu sur la Terre, et le privilège extraordinaire qu'Il accorde aux croyants nés de nouveau, c'est qu'Il habite désormais en eux (1 Corinthiens 6:19).

4 - L'importance de développer une communion avec le Saint-Esprit

L'apôtre Paul clôt sa deuxième lettre aux Corinthiens avec le verset suivant : *« Que la grâce du Seigneur Jésus-Christ, l'amour de Dieu et **la communion [koinonia] du Saint-Esprit** soient avec vous tous ! »* (2 Corinthiens 13:14). Le mot grec qui est traduit par communion est ***koinonia***, ce qui signifie : camaraderie, association, rapports, intimité. Vous conviendrez avec moi que toute personne qui souhaite entretenir de bonnes relations avec quelqu'un doit faire preuve de respect, d'attention, de confiance, d'intégrité et de sincérité. Sans cela, aucune relation authentique ne peut prendre place. De même en est-il avec le Saint-Esprit, si nous souhaitons développer une bonne relation avec Lui. Plus une personne passe du temps dans la prière, plus elle est remplie de la présence du Saint-Esprit, et devient ainsi une bénédiction pour celles et ceux qui l'entourent, car le Saint-Esprit peut agir pleinement à travers elle. Le Saint-Esprit peut alors apporter une solution, une guérison ou une délivrance, en communiquant sa vie et sa puissance par l'intermédiaire de cette personne.

Le rôle du Saint-Esprit est de nous conduire, de nous enseigner, de nous conseiller, de nous protéger et de nous transformer à la stature parfaite de Christ, mais pour qu'Il réussisse ce travail, encore faut-il Lui laisser la liberté d'agir en nous, comme Il le souhaite. Ainsi, chacun d'entre nous se doit de Lui garantir un environnement dans lequel Il sera à l'aise pour travailler, car c'est de cela que dépendra la qualité de la relation que nous développerons avec Lui. À partir de mon expérience personnelle, j'aimerais vous présenter sept points que le Saint-Esprit apprécie tout particulièrement chez un individu, et sept autres qui au contraire Le freinent, voire même L'attristent.

- **Sept points qui permettent de développer une communion avec le Saint-Esprit**

- **L'obéissance :** Faire la volonté de Dieu

- **L'amour :** Envers Dieu et envers les autres

- **La sainteté :** Refuser le péché

- **Être conscient de sa présence :** L'honorer par notre comportement, nos pensées et nos paroles

- **Prier et adorer en esprit :** La communion avec le Saint-Esprit permet de recevoir des révélations et d'ouvrir les portes du surnaturel

- **S'abandonner complètement à Lui :** Le Saint-Esprit peut alors faire de nous l'extension du bras de Dieu sur la Terre

- **Marcher par la foi :** Sans la foi, il est impossible de plaire à Dieu (Hébreu 11:6)

- **Sept choses qui attristent le Saint-Esprit**
La Bible nous met en garde contre le fait d'attrister le Saint-Esprit (Éphésiens 4:30).

- **Ignorer sa présence :** Ne point prêter attention à Lui.

- **Résister à sa voix :** Retarder à faire ce qu'Il nous demande, voire même Lui désobéir.

- **La colère, le manque de pardon, les critiques :** Cette attitude attriste le Saint-Esprit, ce qui crée une séparation entre Lui et nous.

- **Le manque d'amour :** Envers Dieu et envers les autres, attriste tout particulièrement le Saint-Esprit.

- **Vivre dans le péché :** En vivant dans le péché, notre vie est dirigée par la chair, et non par l'Esprit de Dieu : « *Marchez selon l'Esprit, et vous n'accomplirez pas les désirs de la chair. Car la chair a des désirs contraires à ceux de l'Esprit, et l'Esprit en a de contraires à ceux de la chair ; ils sont opposés entre eux, afin que vous ne fassiez point ce que vous voudriez.* » (Galates 5 : 16-17)

- **Le manque de crainte de l'Éternel :** La crainte de l'Éternel nous garde et nous protège, parce qu'elle nous pousse à chercher à avoir constamment un cœur droit et humble devant Lui. Mais celui ou celle qui n'a pas la crainte de l'Éternel peut facilement tomber dans les pièges tendus par l'ennemi.

- **Une mauvaise utilisation des dons spirituels :** Utiliser les dons spirituels pour se mettre en avant, au lieu de chercher à rendre visible Jésus-Christ au travers de nous.

Plus nous étudions les Écritures, plus le Saint-Esprit nous révèle les mystères qui y sont cachés, non seulement pour avoir de la connaissance, mais aussi pour nous apprendre à connaître le Père et le Fils plus en profondeur. C'est en découvrant et en comprenant qui Ils sont que nous saisissons qui nous sommes en eux. En d'autres termes, il est impossible pour un homme et une femme de savoir véritablement qui ils sont, sans avoir une réelle proximité avec Celui qui les a créés, et les a destinés à un but. Toute personne qui souhaite véritablement connaître Christ doit s'attacher à développer une intimité avec la personne du Saint-Esprit, car Lui seul est en mesure de nous révéler vraiment qui Il est. Le Saint-Esprit doit ainsi devenir notre ami et notre confident, afin d'établir une relation de confiance avec Lui, pour qu'Il puisse nous enseigner, nous conduire et nous transformer à l'image parfaite de Christ. Une personne selon le cœur de Dieu est une personne qui est parvenue à devenir intime avec la personne du Saint-Esprit.

Chapitre 4
Manifester le héros

« Aucun être humain ne naît héros, mais il le devient. »

La Bible nous montre à plusieurs reprises qu'à certains moments précis de l'Histoire, Dieu a fait appel à des hommes et des femmes qui avaient une destinée particulière pour accomplir une mission bien spécifique. À chaque fois qu'une situation spéciale s'est présentée, Dieu avait déjà choisi et préparé à l'avance l'homme ou la femme qui relèverait le défi. Il a choisi Noé pour construire une arche, Abraham pour être le Père d'une multitude de nations, Moïse pour libérer le peuple d'Israël de l'esclavage, Josué pour les faire entrer dans le pays de Canaan, Gédéon pour combattre les Madianites, David pour affronter Goliath et faire du peuple d'Israël une grande nation, Néhémie pour reconstruire les murailles de la ville de Jérusalem, Esther pour dissuader le roi de détruire les Israélites, l'apôtre Pierre pour bâtir son Église, l'apôtre Paul pour poser les fondements du christianisme, et bien d'autres encore. Le chapitre 11 de l'épître aux Hébreux s'intitule dans la plupart des Bibles : « Les héros de la foi », parce qu'il présente des hommes et des femmes qui ont fait preuve de foi, de courage, d'obéissance et de persévérance, parfois même au péril de leur vie.

Il ne faut surtout pas oublier les héros anonymes, ces hommes et ces femmes dont vous n'entendrez peut-être jamais parler, mais dont la vie est tout aussi importante que les autres, car ils ont su garder leurs convictions et faire la volonté de Dieu. « Les héros de la foi » dont nous venons de voir les noms refuseraient à coup sûr le titre de héros si on le leur attribuait, parce que leur humilité les pousse à se voir comme des personnes normales. Elles nous diraient certainement qu'elles ont eu le privilège et l'honneur d'avoir été choisies par Dieu et de Le servir, et qu'elles n'ont rien fait de spécial à part vouloir Lui plaire. Elles ajouteraient que Dieu leur a donné certaines capacités, et qu'elles n'ont finalement rien fait d'autre que de Lui obéir, et de renoncer à leur vie en vivant pleinement pour Lui.

1 - Une nouvelle race de croyants

Dans l'Ancien Testament, lorsque Dieu choisissait un homme ou une femme pour accomplir une mission bien particulière, Il leur donnait son Esprit. C'est ainsi que nous voyons des hommes comme Moïse, le roi David ou Gédéon qui avaient le Saint-Esprit **sur** eux, pour accomplir ce que Dieu attendait d'eux. Gédéon était un homme craintif, qui n'avait aucunement confiance en lui, mais le jour où il a été revêtu du Saint-Esprit, son tempérament a totalement changé et la hardiesse divine l'a saisi. Gédéon a littéralement été « habillé » par le Saint-Esprit, comme nous le voyons dans ce verset : *« Gédéon fut **revêtu** du Saint-Esprit »* (Juges 6:34). David a lui aussi été saisi par le Saint-Esprit (1 Samuel 16:13), et c'est grâce à Lui qu'il a trouvé le courage d'affronter un lion et un ours, et de terrasser le géant Goliath. Moïse était lui aussi revêtu du Saint-Esprit, de sorte que Dieu lui a dit : *« Vois, je te fais Dieu pour Pharaon (...) »* (Exode 7:1). Lorsque Moïse a eu besoin de l'aide de soixante-dix anciens pour l'assister dans sa tâche, Dieu lui a dit *qu'Il prendrait de l'Esprit qui est sur lui, afin de le mettre sur des anciens du peuple* (Nombres 11:17).

Dans l'Ancien Testament, les hommes et les femmes qui servaient Dieu étaient considérés comme des serviteurs et des servantes de Dieu. Dans le Nouveau Testament, nous observons l'émergence d'une nouvelle race d'hommes et de femmes, que la Bible appelle les fils et les filles de Dieu. Sont appelés fils et filles de Dieu toutes les personnes qui ont accepté Jésus comme leur Sauveur et Seigneur personnel, et dont l'esprit a été régénéré par le Saint-Esprit, lorsqu'Il est venu établir sa demeure **en** eux. Les hommes et les femmes qui sont nés de nouveau ont un accès privilégié au Père, par rapport à leurs prédécesseurs, ainsi qu'une plus grande dimension d'intimité avec Lui. En effet, leur relation n'est désormais plus basée sur un rapport de serviteur ou de servante à maître, mais de fils ou de fille à Père. C'est la raison pour laquelle Dieu n'est plus seulement leur Dieu, mais Il est également devenu leur Père. Cette compréhension change radicalement la relation que nous avons avec Lui, comme nous avons pu le voir dans le chapitre 2.

Jésus a dit un jour à ses disciples : « *Je vous le dis en vérité, parmi ceux qui sont nés de femmes, il n'en a point paru de plus grand que Jean Baptiste. Cependant, le plus petit dans le royaume des cieux est plus grand que lui.* » (Matthieu 11:11). Ce passage est intéressant, parce qu'il nous montre une différence très claire entre les hommes nés sous l'Ancienne Alliance (avant la croix), et ceux nés sous la Nouvelle Alliance (après la croix). Jésus considérait Jean-Baptiste comme étant le plus grand parmi les hommes, parce qu'il était rempli du Saint-Esprit dès le ventre de sa mère, et qu'il était le messager envoyé par Dieu pour préparer les cœurs à la repentance, en vue de la venue du Messie. C'est lui qui, lorsqu'il a vu le Saint-Esprit descendre sous la forme d'une colombe sur Jésus, a reconnu qu'il s'agissait de l'Agneau de Dieu envoyé pour sauver les hommes. Jésus a pourtant dit que le plus petit dans le Royaume des cieux était plus grand que Jean-Baptiste. Pourquoi a-t-Il dit cela ? Parce que Jean-Baptiste n'était pas né de nouveau. Il fallait que le sang de Jésus soit versé pour le pardon des péchés et le rachat de l'humanité, pour que la réconciliation prenne place, et que Dieu vienne habiter en l'Homme. La croix et le pardon des péchés inaugurent une nouvelle ère : celles des fils et des filles de Dieu.

Dans ces temps particuliers, Dieu recherche parmi ses fils et ses filles des personnes qui sont prêtes à marcher à la suite de son Fils afin, comme Lui, de démontrer sa réalité sur la Terre. S'il y a beaucoup d'appelés, il y a malheureusement peu d'élus (Matthieu 22:14). En effet, bien qu'il y ait beaucoup de croyants, il y a en revanche peu d'entre eux qui sont prêts à s'engager totalement, en renonçant à tout pour suivre et manifester Christ. Cela ne date d'ailleurs pas d'aujourd'hui, puisque du temps du prophète Ézéchiel Dieu avait déjà dit : « *Je* **_cherche_** *parmi eux un homme qui élève un mur, qui se tienne à la brèche devant moi en faveur du pays, afin que je ne le détruise pas ; mais je n'en trouve point.* » (Ézéchiel 22:30)

Aujourd'hui encore, Dieu est à la recherche d'hommes et de femmes qui intercèdent nuit et jour, afin qu'Il puisse répandre son Esprit, et réveiller ainsi son Église et les nations. Alors, que répondrez-vous à son appel ? « Me voici ! », ou bien resterez-vous silencieux ?

Manifester la réalité du Père et du Fils a forcément un coût. Il faut être prêt à accepter d'être critiqué, moqué, quitte à se retrouver seul dans certains cas, pour rendre Jésus visible au travers de soi. Cette posture nécessite un certain courage, car elle demande une séparation radicale entre le monde et Dieu.

Il ne s'agit en aucun cas d'aller s'isoler sur une île déserte ou d'arrêter toute relation avec les autres, mais de refuser de se conformer à la pensée du monde, parce qu'elle est forcément opposée à celle de Dieu. Dieu recherche des personnes qui refusent de compromettre leur engagement avec Lui, des personnes authentiques qui ne varient pas au gré du vent et des modes, mais qui restent intègres quant aux valeurs qui sont les leurs, quand bien même elles sont parfois très largement critiquées au sein de la société. **La lumière du phare permet au bateau de naviguer dans l'obscurité ; de même les fils et les filles de Dieu qui sont remplis du Saint-Esprit brillent au milieu des ténèbres, afin de diriger vers leur Créateur les âmes qui sont à la dérive.**

Peut-être vous considérez-vous comme incapable, trop timide, trop faible, pas assez qualifié ou courageux ? Ne regardez surtout pas à vos propres forces, car Dieu promet de donner son Esprit, pour vous permettre d'accomplir ce qu'Il attend de vous. Dieu aime utiliser les faibles, les personnes envers lesquelles on a peu d'égard, celles que le système a volontairement mises de côté, afin de confondre les règles préétablies par la société. Il suffit de regarder les différents personnages de la Bible, ainsi que les hommes et les femmes qui ont marqué l'Histoire du christianisme, les revivalistes, les réformateurs et les pionniers, pour se rendre compte que ce n'étaient pas toujours des personnes conventionnelles. Jésus Lui-même n'était pas conventionnel, c'est la raison pour laquelle les gens religieux ne l'ont pas accepté, car ils leur étaient impossible de croire qu'Il puisse être le Messie. L'apôtre Paul avait lui aussi fait cette constatation, c'est pourquoi il a écrit aux croyants de la ville de Corinthe :

*« Dieu a choisi ce que le monde
considère comme une « folie » pour
confondre les gens « intelligents ».*

Il a délibérément pris ce qui est faible et chétif pour faire honte aux puissants. Ce qui n'avait ni noblesse ni distinction ici-bas, Dieu l'a distingué et l'a pris pour renverser l'ordre existant. Il a choisi les gens considérés comme insignifiants pour laisser sombrer dans le néant ceux qui se croient importants. » (1 Corinthiens 1:27-28)

2 - Une nouvelle génération de héros

Depuis plusieurs années maintenant, je m'occupe de jeunes adultes dans le cadre de mon église locale. Au mois de juin 2019, nous avons décidé d'organiser un week-end en Normandie, dont le thème était : « Héros ». Laurent, un ami pasteur à qui j'avais demandé d'apporter un message le vendredi soir sur cette thématique, ne comprenait pas très bien pourquoi j'avais intitulé cette conférence ainsi. Selon lui, les chrétiens n'étaient pas des héros dans la mesure où Jésus-Christ a tout accompli à la croix, et que c'est le Saint-Esprit qui nous donne chaque jour la capacité de marcher selon la volonté de Dieu. Je lui ai expliqué que je comprenais ce qu'il voulait me dire, mais que le niveau de tentation et de péché était tel aujourd'hui, par rapport à une vingtaine d'années en arrière, que je considérais qu'un(e) jeune adulte qui arrivait à marcher dans les pas de Jésus-Christ, et sans aucun compromis, était selon moi un héros, ou une héroïne. Le Saint-Esprit nous donne la capacité et la force, il est vrai, mais chacun reste libre de dire « oui » ou « non », face à la tentation et au compromis. Lorsqu'une personne dit « oui » à Dieu, et qu'elle Le laisse agir librement en elle sans Le limiter, elle peut alors s'attendre à faire infiniment au-delà de tout ce qu'elle peut demander ou imaginer.

Durant notre retraite de jeunes, nous avons pris un temps de prière et d'adoration le samedi soir, et trois personnes ont demandé la prière à cause d'oppressions spirituelles dont elles souffraient. Alors que nous étions en train de prier, des esprits impurs ont commencé à se manifester, et la puissance de Dieu est venue les délivrer. Jésus n'a-t-il pas dit qu'Il était venu pour libérer les captifs ? Voici l'un des mandats et l'un des privilèges qu'Il a laissés à celles et ceux qui font le choix de le suivre.

Lors de la visite d'un ami qui était hospitalisé aux urgences, pendant que l'on discutait, j'ai soudainement entendu un hurlement qui provenait du couloir. Surpris, je lui ai demandé ce dont il s'agissait, et il m'a expliqué qu'une dame âgée était arrivée dans la soirée et qu'elle avait poussé des hurlements durant toute la nuit. Comment une vieille dame pouvait-elle avoir une voix aussi puissante ? Je soupçonnais qu'il s'agissait très probablement d'un ou plusieurs esprits impurs qui étaient responsables de son état. Je lui ai demandé si les infirmières étaient au courant qu'il s'agissait certainement d'une possession démoniaque, et il m'a répondu : « Bien sûr que non ! » Les gens n'ont pas idée du nombre de personnes qui souffrent elles aussi de problèmes similaires, et qui parce qu'elles ignorent que Jésus peut les délivrer, se tournent vers les médecins, les psychologues et toutes sortes de psychotropes, mais malheureusement sans succès.

Le titre de « héros » était autrefois attribué aux vaillants guerriers qui avaient accompli un exploit sur le champ de bataille, en affrontant courageusement leurs ennemis et en étant parvenus à préserver leur liberté, ainsi que celle de leur peuple. De retour au village, ils étaient acclamés par la population, et loués pour leur bravoure, leur habileté au combat et leur capacité à avoir affronté le danger. Si l'époque a changé, la guerre pour la sauvegarde de la liberté reste néanmoins toujours d'actualité, sauf qu'il s'agit cette fois-ci de notre liberté de penser.

Cette guerre sans nom est menée de manière tellement subtile, que seuls celles et ceux qui ont suffisamment de discernement peuvent s'en apercevoir. Le champ de bataille n'est autre que notre système de pensée, et l'un de ses plus grands ennemis est le conformisme. Pour comprendre cela, il faut toujours bien garder à l'esprit que ce qui domine nos pensées contrôle notre vie. Ainsi, une personne qui veut vous manipuler n'a plus besoin d'utiliser la violence contre vous, elle a simplement à vous faire croire des choses qui vous feront adopter un comportement qui s'avérera autodestructeur dans le temps. Vous n'en aurez bien entendu aucunement conscience, tellement vous serez convaincu d'accomplir votre propre volonté.

Face à cette guerre, beaucoup ont cessé de lutter, et certains n'ont même jamais combattu, pensant qu'ils étaient libres. Mais à côté de cela, de plus en plus de personnes se réveillent et se rendent désormais compte de la situation. Elles réalisent que leur liberté de penser est en danger, à cause du rouleau compresseur de la pensée unique qui essaie de s'imposer par tous les moyens. Il n'y a qu'à voir les émissions politiques, les reportages, les documentaires et les journaux télévisés qui invitent inlassablement les mêmes soi-disant « experts », pour qu'ils donnent leur opinion sur des sujets d'actualité. Les invités sont triés sur le volet, pour s'assurer que leurs paroles sont toujours en accord avec cette volonté d'uniformiser la pensée du plus grand nombre. Il s'agit d'une forme « d'évangélisation », dont l'évangile qui est prodigué sert davantage à diviser les gens qu'à les unir, à susciter la peur et la défiance entre les individus plutôt que la paix, à tenir les gens à distance de Dieu. Bien entendu, dès qu'une personne dénonce cet état de fait, elle est aussitôt taxée de complotisme, afin de décrédibiliser le fait qu'elle pense différemment.

Se démarquer des autres et devenir soi-même est devenu un acte de bravoure tellement le conformisme domine le monde moderne. Il faut effectivement du courage pour ne plus suivre la foule, mais suivre Jésus et Lui seul. Marcher dans les pas de Jésus est tout sauf populaire, surtout par les temps qui courent, tant le fossé est grand entre les hommes et les femmes qui sont érigés en modèles au sein de la culture occidentale, et les valeurs défendues par le Christ. L'esprit du monde promet le bonheur à celles et ceux qui adoptent sa pensée, jusqu'à ce qu'ils s'aperçoivent (bien souvent trop tard) que cela n'était finalement qu'une illusion. Jésus a quant à Lui été honnête dès le début, en expliquant que le fait de marcher à sa suite était un choix difficile et impopulaire, mais que le gain que cela procurerait dans l'éternité était inestimable. Il nous faut toujours marcher avec les pensées fixées vers Jésus, afin de nous rappeler que l'unique moyen de glorifier le Père est de faire comme Jésus : en accomplissant parfaitement sa volonté. Dans un monde en recherche de héros, ceux-ci ne sont finalement pas si loin que cela, car le héros est en vous, il est en moi, mais il nous faut pour cela renoncer à nous-mêmes afin que le véritable Héros, à savoir Christ, puisse pleinement se manifester au travers de nous.

« Publiez ces choses parmi les nations ! Préparez la guerre ! Réveillez les héros ! Qu'ils s'approchent, qu'ils montent, Tous les hommes de guerre ! De vos hoyaux forgez des épées, et de vos serpes des lances ! Que le faible dise : Je suis fort ! Hâtez-vous et venez, vous toutes, nations d'alentour, Et rassemblez-vous ! Là, ô Éternel, fais descendre tes héros ! » (Joël 3:9-11)

3 - Consécration

Depuis son plus jeune âge, l'apôtre Paul a été bercé dans les traditions de ses pères. Il était persuadé d'être sur le bon chemin, jusqu'au jour où sa route a croisé celle de Jésus-Christ. Cette rencontre l'a tellement bouleversé, qu'il a consacré le reste de sa vie à suivre et imiter Celui qu'Il combattait autrefois. Ce soudain revirement s'explique par le fait que les croyances sur lesquelles il s'était appuyé pour construire son identité n'avaient désormais plus aucune valeur à ses yeux. En effet, l'excellence de la révélation de Jésus-Christ était de très loin supérieure à tout ce qu'il avait pu croire auparavant. Paul était devenu un nouvel homme, parce qu'il avait découvert une nouvelle identité en Christ. Durant une période de sa vie où il a été emprisonné, il a écrit une lettre aux croyants de la ville de Philippes, dans laquelle il leur explique les raisons pour lesquelles il a renoncé à tout pour suivre Jésus-Christ. En voici un extrait :

> *« Quant à mon zèle, ma persécution fanatique de l'Église en fait foi. Face aux exigences de la loi, j'étais sans reproche. Je pouvais donc me targuer d'avoir satisfait à toute la justice légale. Autrefois, ces prérogatives étaient, à mes yeux, autant de sujets de fierté. Mais, à cause du Christ, je suis arrivé à reconnaître leur inutilité, j'ai appris même à les considérer comme nuisibles (si on s'y attache) et je les ai rejetées. Oui, je persiste encore aujourd'hui à leur dénier toute valeur. **Je vais même plus loin : tout me semble une perte en comparaison du privilège***

inestimable d'avoir pu reconnaître en Jésus-Christ mon Seigneur. Le bien le plus précieux, celui qui, de loin, surpasse tous les autres, c'est de le connaître et de le comprendre de mieux en mieux. Pour l'amour du Christ, je me suis dépouillé de tout, considérant mes avantages comme bons à être mis au rebut quand il s'agit de gagner le Christ. Une seule chose m'importe : être reconnu pour un des siens et être uni à lui. J'ai renoncé à chercher l'agrément de Dieu sur la base de l'accomplissement d'une loi. Je ne possède donc plus de justice personnelle due à mes propres efforts. **Si je suis juste aux yeux de Dieu, c'est parce que j'ai placé ma confiance en Christ. La justice donnée par Dieu naît de la foi et s'appuie sur elle. Mais croire en Christ, lui faire confiance, c'est faire plus intime connaissance avec lui.** Or, c'est là toute mon ambition : le connaître de mieux en mieux, expérimenter la puissance émanant de sa résurrection et communier à ses souffrances, en mourant avec lui. Oui, j'aspire à être continuellement transformé en partageant sa mort. »*
(Philippiens 3:6-11)

En lisant ce passage, nous comprenons mieux pourquoi Paul a abandonné ce qui lui paraissait futile, afin de se concentrer sur ce qu'il considérait désormais comme honorable et véritable. L'apôtre Paul a su parfaitement incarner cette nouvelle génération de fils et de filles de Dieu dont la vie était totalement dédiée à Christ et soumise au Saint-Esprit. À l'instar de Paul, toute personne qui souhaite véritablement plaire à Dieu le Père doit elle aussi faire le choix de tout abandonner pour marcher dans les pas de son Fils bien-aimé. Cela est possible dès lors qu'elle découvre l'excellence de la grâce qui se trouve en Jésus-Christ, comme nous le montre ce verset : *« Car en lui, habite corporellement toute la plénitude de la divinité. »* (Colossiens 2:9). Cet « abandon » se traduit par le fait de dédier à Dieu son temps, ses dons, ses talents, ses objectifs et ses passions, en un mot, sa vie. Toutefois, ce qui peut sembler comme une perte sur le plan humain, est en réalité un gain pour quiconque saisit que la vie éternelle et le véritable bonheur se trouvent en Christ. En d'autres termes, « perdre » pour Christ, c'est obtenir une satisfaction qui est de très loin supérieure à tout ce que vous pourriez avoir en « gardant » votre vie. En effet, **il est parfois nécessaire de tout perdre, pour tout gagner**.

Une personne qui souhaite avoir un cœur selon Dieu doit donc s'évertuer à faire les trois choses suivantes :

- **Consacrer son temps :** En consacrant votre temps à Dieu, vous Lui accordez plus de place dans votre quotidien, et ces précieux moments vous permettent de devenir de plus en plus intime avec Lui. Vous connaissez très certainement le proverbe suivant : « Le temps c'est de l'argent ». En effet, le temps a une valeur inestimable, car il ne peut être rattrapé. Fort de ce constat, il est important de bien réfléchir à la manière dont vous l'utilisez, afin de ne pas le gaspiller inutilement, mais de l'investir dans des moments de qualité, des relations et des choses qui ont une vraie valeur. Plus vous disposez de temps de qualité avec Dieu, plus vous finissez par ne faire qu'un avec Lui, au point qu'un beau jour Il vous appellera son ami(e).

- **Consacrer son cœur :** En accordant à Dieu la première place sur le trône de votre cœur, vous l'autorisez à diriger votre vie, ce qui vous garantit un accès à sa paix et à sa joie, et ce, quelles que soient les circonstances. Il en résulte que vos objectifs de vie sont totalement inversés, car vous ne vivez désormais plus exclusivement pour vous, mais pour Lui. Le bien-être que cela vous procure vous donne suffisamment d'amour et de force pour aider les personnes autour de vous.

- **Consacrer sa volonté :** En choisissant de vous soumettre à Dieu, vous devenez une personne sur laquelle Il sait qu'Il peut compter, car vous Lui permettez d'accomplir sa volonté sur la Terre comme au ciel, au travers de vous. La soumission à Dieu n'est en aucun cas une perte de liberté, bien au contraire, car il n'y a pas de plus grande mission pour l'être humain que d'œuvrer aux côtés de Celui qui renouvelle chaque jour son souffle de vie.

Conclusion

Attachons-nous à tout prix à avoir un cœur selon Dieu et à faire sa volonté, et nous ferons ainsi sa joie. Et qui sait si, comme le roi David Il ne nous appellera pas Lui aussi un jour ses héros ? Le moment est venu de réveiller le héros ou l'héroïne qui sommeille profondément au-dedans de vous. C'est une décision individuelle, dont le coût est certes élevé, mais dont les bénéfices sont incomparables. Vous aurez bien compris au travers de cet ouvrage qu'il ne s'agit en aucun cas du héros ou de l'héroïne traditionnelle, tel que nous pouvons les connaître dans la société. Il est question d'une nouvelle race de héros ayant pour modèle Jésus-Christ, des hommes et des femmes étant conduits par le Saint-Esprit. Ils ont pour arme la Parole de Dieu en guise d'épée, la foi comme bouclier, et ils puisent leur force dans l'amour que Dieu a déposé dans leur cœur pour les autres. C'est un combat qu'il faut mener au quotidien contre nous-mêmes avant tout, en prêtant attention à nos paroles, notre conduite, notre amour, notre foi et notre pureté. Chacun de nous doit être un instrument dont le but principal est de révéler Jésus. C'est seulement en nous rapprochant de plus en plus de l'image de Christ que nous parviendrons à révolutionner notre société en la rendant meilleure. Le philosophe Blaise Pascal a dit un jour : « *Pensée, fait la grandeur de l'homme.* » Je me permettrai d'utiliser cette citation et de la modifier légèrement en disant : « ***Aimer****, fait la grandeur* *de l'homme. »* Rappelons-nous qu'au crépuscule de notre vie, chacun sera jugé en fonction de l'amour qu'il aura su manifester autour de lui. Quand tout s'évanouira autour de nous, seul l'amour de Dieu nous qualifiera pour notre destination finale qu'est l'éternité. Je conclurai ce livre sur ces quelques vers de ma composition :

> Aimer, est l'un des verbes les
> plus beaux à conjuguer.

> Je t'aime, tu m'aimes, Il t'aime,
> Il nous a tant aimés.

> Le véritable amour est une
> source où il faut aller puiser.

> Elle est sans fin, elle remplit le
> cœur jusqu'à déborder.

> Une goutte de son amour peut
> changer toute l'humanité.

> Elle est libre d'accès, elle s'ap-
> pelle le Dieu de toute éternité.

Table des matières

www.ingramcontent.com/pod-product-compliance
Lightning Source LLC
LaVergne TN
LVHW091044170726
843494LV00001B/52